Kreativität

Helmut Weyh/Patrick Krause

Ein Spielbuch für Manager

ECON Verlag
Düsseldorf
Wien
New York

Bildquellennachweis

Farbe
Helmut Weyh (9)
Muster-Schmidt Verlag, Göttingen (13)
Musik
meiré und meiré/
Raumbau/Hagemann (19)
Kunst
Alistair Overbruck (31)
Phantasie
Stefan Blume (41)
Spiele
Helmut Weyh (51)
Phänomene
Helmut Weyh (65)
Humor
Patrick Krause (77)
Ernährung
Gräfe und Unzer Verlag, München (89)
Gehirn und Intelligenz
meiré und meiré (101)
Irritation
Helmut Weyh (113)
Raum und Form
Herbert Morck (125)
Sprache und Kommunikation
Volker Linger, Düsseldorf (139)
Intuition
meiré und meiré (151)
Motivation
Wolfgang Rech (163)
Vision
Earthrise, Palazzo Verlag, Bremen (177)

CIP-Titelaufnahme der Deutschen Bibliothek
Weyh, Helmut
Kreativität:
ein Spielbuch für Manager/
Helmut Weyh; Patrick Krause.
Düsseldorf; Wien; New York:
ECON Verlag, 1991
ISBN 3-430-19605-1
NE: Krause, Patrick

Lektorat
Bettina Eltner
Gestaltet
meiré und meiré köln/wiesbaden
Satz
meiré und meiré köln/wiesbaden
Druck und Bindearbeiten
F. Pustet, Regensburg

Printed in Germany
ISBN 3-430-19605-1

Ever tried.
Ever failed.
No matter.

Try again.
Fail again.
Fail better.

Samuel Beckett, *Worstward Ho*

Oh Captain, my Captain!

Für *Matthias*

Elu

Rudi

Sylvester

und

die Lokomotive Funkturm, Kicker der reinen Vernunft

Patrick Krause

Gewidmet dem Kreativen Team in Worpswede

Helmut Weyh

Unser besonderer Dank gilt allen, die durch ihre Hilfsbereitschaft und Mitwirkung zu diesem Buch und seinen Inhalten beigetragen haben:

J. Peter Lemcke (Deutsches Spielemuseum Hamburg), Hajo Bücken (Arbeitsstelle für Neues Spielen, Bremen), Gerd Gerken, Dr. M. zur Bonsen, Dr. Bertold Ulsamer, Helmut Jahn, Klaus Kobjoll, Karl-Heinz Delschen, Lars Vegas Albaum, Peter W. Schutz, Annette Scheuren, Roland Spinola (IBM),

Rainer Pidun (Bosch Telenorma), Stefan Mattes, Ernst-Ludwig Leinhos (T.A.C. Stuttgart), Britta, Lennart, Nicole, Walther, Ehrhardt Heinold, Marc Müller-Bremer, Mike und Marc Meiré für die Gestaltung des Buches, Christian Willrich und Thomas Boethgen für Leckerbissen und vor allem Dörte Köhnke für ihre kritische Unterstützung.

Inhalt

Farben

Gelb

Der Raps in Blüte –
der Sonnenball im Osten –
und der Mond im Westen.

Japanisches Haiku

Es war einmal ein deutscher Dichter, der "sah seine Größe weniger in der Dichtkunst als in der wissenschaftlichen Farbenlehre", so Max Lüscher in seinem Buch *Der 4-Farben-Mensch* über einen der produktivsten und kreativsten Männer der Literatur, den Dramatiker, Lyriker, Romanautor, Magistrat, Naturforscher und Schürzenjäger Johann Wolfgang von Goethe.
Wie kommt der Schöpfer des *Faust,* der *Wahlverwandtschaften* und der *Leiden des jungen Werther* zu solch einer Aussage? War die Farbenlehre das große Geheimnis seiner unerschöpflichen Schaffenskraft? Keiner weiß es genau. Fest steht: Goethes Farbenlehre ist bis heute die Grundlage der modernen Farbpsychologie. Schon er hat erkannt, daß Farben Energien sind, die auf jeden Menschen einwirken. Energien, die positive oder auch negative Stimmungen hervorrufen können.

Wie fühlen Sie sich, wenn Sie an einem sonnigen Tag in Ihre Firma fahren, wenn der Himmel tiefblau ist und die Sonne Ihrem Auge tausenderlei Farbeindrücke zuspielt? Wie fühlen Sie sich, wenn Sie an einem bedeckten Tag in Ihre Firma fahren, wenn alles grau in grau erscheint ...? Sie ärgern sich zwar nicht schwarz, aber Sie sind schneller reizbar – weil Ihre Sinne nicht gereizt werden. Am schlimmsten ist es jedoch, wenn Sie an einem herrlichen Sommertag in ein Büro gehen müssen, das in dunklen Tönen ausgestattet ist. Solch ein Büro lädt höchstens dazu ein, rote oder schwarze Zahlen zu

schreiben und ansonsten angesichts des schönen Wetters gelb vor Neid zu werden, oder sogar vor Wut über Ihr Kerkerdasein blau anzulaufen. Aber jetzt kommt Farbe ins Spiel.
Sind Sie Herr Ihrer Sinne? Sie glauben nur das, was Sie auch wirklich sehen. Ihnen kann keiner so leicht etwas vormachen. Dann lassen Sie sich einmal überraschen... Schauen Sie genau die Zeichnung auf Seite 9 an. Sie sehen eine Blume, eine Tulpe, mit einem kleinen Schönheitsfehler. Der Stiel ist rot, der Kelch ist grün – dabei sollte es doch genau umgekehrt sein. Kein Problem, das bekommen wir mit Hilfe unserer Augen in Ordnung. Betrachten Sie dieses Bild dreißig Sekunden lang, und konzentrieren Sie sich nur auf das weiße Dreieck in der Mitte. Legen Sie das Buch nach den dreißig Sekunden schnell weg, und schauen Sie auf eine weiße Fläche. Merken Sie, was sich da vor Ihren Augen abspielt?
Die Abbildung ist weg, aber die Tulpe ist noch da!
Ihre Augen haben das rot-grüne Bündnis wahrgenommen und verarbeitet. Sie haben die Farben herumgedreht: Nun ist der Kelch rot und der Stiel grün! Und es hat Ihnen so gut gefallen, daß Sie so schnell gar nicht davon ablassen wollen: Noch immer schwebt die Blume vor Ihren Augen!
Was steckt dahinter? Es handelt sich hierbei um das bekannte Phänomen des Austausches von Komplementärfarben.
Sie sehen: Farben haben mehr Einfluß auf Sie, als Sie vielleicht glauben. Denn Farbe nimmt man sinnlich war. Und je nach Farbe und Farbkombination empfangen Sie andere Signale. Mit Farbe können Sie neu aufmischen – in Ihrem Bewußtsein, in Ihrem persönlichen Auftreten oder in Ihrem Unternehmen.

Farben haben Charakter

Denken Sie zum Beispiel an die klassische Kombination Rot und Schwarz, zwischen denen sich Liebe, Tod, Begierde oder Angst ein Stelldichein geben. Nicht umsonst heißt Stendhals bewegender Liebesroman um Liebe und Verzweiflung *Rot und Schwarz*. Was hat es zu bedeuten, wenn sich jede politische Partei einer bestimmten Farbe oder Farbkombination zuordnet? Warum heißen die Grünen "Die Grünen"? Die Frage können Sie sich selbst beantworten: Grün bedeutet Hoffnung. Nicht nur im Volksmund. In unseren Tagen haben der Schweizer Farbpsychologe Max Lüscher, der Wissenschaftler Heinrich Frieling und der Pädagoge Xaver Auer Goethes Farbenlehre wissenschaftlich untermauert. Frieling hat sich seit mehr als 40 Jahren intensiv mit den Farben und ihrem Bezug zum Menschen theoretisch und praktisch auseinandergesetzt und jeder Farbe bestimmte Eigenschaften zugeordnet (in: Riedel, Ingrid: *Farben*):

Gelb	anregend, heiter, befreiend, Intuition, Kontakt
Orange	Freude, erwärmend, Glanz, Sonne, Fruchtbarkeit
Braun	Erde, trocken, nüchtern, real, banal, fest
Rot (zinnober)	erregend, lebhaft, Feuer, Gefahr, Liebe
Rot (purpur)	erhaben, würdig, prächtig
Rosa	süßlich, zurückhaltend, zart, Abstand
Violett	mystisch, Unruhe, hoher Anspruch, Rausch, Magie
Dunkelblau	vertiefend, konstruktiv, beherrschend, Philosophie, Kristall
Hellblau	sehnend, gemütsvoll, empfangend, Klarheit
Dunkelgrün	beherrschend, naturhaft, Ruhe, Feuchtigkeit
Hellgrün	zart, innig, weich, Schonung, besänftigend

Von der Farbpsychologie vollzog Frieling den Schritt zur Farbanwendung. Er gestaltete verschiedene große Fabrikgebäude, Krankenhäuser, Schulen und Verwaltungsgebäude in Europa und den USA.
Wie können nun Sie als Unternehmer und Manager Farben sinnvoll einsetzen? Welchen Nutzen können Farben für Ihr Unternehmen besitzen?
Das Kreative Haus, unser Veranstaltungsort in Worpswede, ist sehr gelb. Wer schon einmal bei uns war, wird im ersten Augenblick ganz schön gestaunt haben: gelber Boden, gelbe Wände, gelbes Geschirr, gelbe Möbel.
Die Idee stammt von Bernhard Hoetger, dem Erbauer des Kreativen Hauses. Hoetger war Künstler, Bildhauer, Designer und Architekt. Eine 88jährige Dame, die uns oft besucht und eine enge Freundin Hoetgers war, erzählt uns: "Hoetger ließ das Café und die Küche in einem Gelb streichen, das mit einem kleinen Spritzer Rot getönt war und alles andere überstrahlte. Es war für ihn nicht nur die Farbe des Lichts und der Sonne, sondern auch der kreativen Befreiung."
Das bedeutet: Gelb beruhigt die Seele und befreit den Geist, bereitet ihn zum kreativen Denken vor. Unser Haus wird zum größten Teil von überarbeiteten, gestreßten Managern besucht, die hier einmal abschalten und Neues erfahren wollen. Da beginnt unser Gelb zu arbeiten.

Deshalb haben wir Hoetgers Gedanken in der Inneneinrichtung fortgepflanzt und bei unseren Gästen oft die Bestätigung erfahren, daß sie "auf einmal viel gelassener geworden" sind.

Farbkombinationen können schlagartig wirken. Gelb ist anregend. Aber Schwarz-Gelb ist das klassische Signal für "Achtung, ich bin gefährlich!". Der Salamander ist zwar ein harmloses Geschöpf, kann jedoch in bedrohlichen Situationen Feinde mit seinem Kostüm in Schach halten. Eine Wespe trägt das gleiche aggressive Farbmuster, um zu zeigen, daß sie im Ernstfall auch mal zustechen kann. Schwarzgelb gestreift deutet auch in der Industrie oder im Transportwesen immer auf Gefahrenbereiche hin.

Menschen haben dieses Naturprinzip durchschaut und zum Erfolgsrezept umgesetzt. Der Fußballclub Borussia Dortmund etwa erfreut sich seit der Spielsaison 1989 ganz neuer Beliebtheit. Ein schlauer Manager hat dafür gesorgt, daß die Spieler wieder in den Trikots von 1965 antreten – dem Jahr, als sie den DFB-Pokal zum letzten Mal gewannen. Die Farben: Neben den gelben Hemden und schwarzen Hosen auch die besonders auffälligen schwarzgelb geringelten Kniestrümpfe, ein modisches Kuriosum.
1989 gewannen sie erneut den DFB-Pokal. Die Kleidung ließ den damaligen Siegergeist wieder aufleben, die Mannschaft hatte eine Vision. Und es war sicherlich auch kein Zufall, daß sie sich in beiden Siegesjahren in dieser auffälligen Farbkombination dem Gegner gestellt hatte. Das ist zwar keine Garantie für eine ewige Erfolgssträhne, hat aber auch einen nicht unbedeutenden Nebeneffekt: Seither ist jedes Spiel im Dortmunder Stadion in der Regel restlos ausverkauft.

Ein weiteres Beispiel für bunten Erfolg:

Ein deutsches Unternehmen bekennt Farbe

Doktor Ralf Baumann ist wohl einer der innovativsten deutschen Unternehmer der vergangenen Jahre.

Als er das Einlegesohlen- und Gesundheitsschuhunternehmen bama aufgrund des plötzlichen Todes seines Vaters erbte, waren Firmenlogo und Verwaltungsräume in Grün und Braun gehalten. Die Produktionsräume bestanden ausschließlich aus technischen Geräten, und in den fensterlosen Gängen sah man zum Teil kaum die eigene Hand vor Augen. Relikte aus einer Zeit, als Arbeit anscheinend weh tun mußte, bestimmten das Firmenäußere.
Baumann begann aufzuräumen. Das Resultat war ein komplett neues Erscheinungsbild des Unternehmens vom Logo bis hin zur Firmenarchitektur. Heute erstrahlt das Innere des Hauptgebäudes durch Spiegelkuppeln in der Decke in hellem Glanz, auf dem türkisfarbenen Teppich kann man förmlich schwimmen. Durch die witzigen farblichen Treppenabstufungen wird das Gehen (durch das sich die Firma auszeichnet) zum Erlebnis. Die Produktionsräume erwachen in Rot, Blau und Grün zu neuem Leben. Das Logo ist ein Totem mit den wichtigsten Charaktereigenschaften der Firmenphilosophie und enthält acht verschiedene Farben.

Baumanns größtes Anliegen war es, das ganze Unternehmen "von der Tradition zur Avantgarde" zu führen. Und das bedeutete ein "Umdenken in allen Bereichen, nicht nur in einzelnen". bama-Schuhe, das waren bis vor kurzem gut 73 Jahre Tradition und Beständigkeit. Sie waren bis dato aus gesundheitlichen Aspekten, aber nicht gerade wegen ihres attraktiven Aussehens gekauft worden. Junge Designer krempelten nun den Produktionsbetrieb um. Die farblich neugestalteten Gesundheitsschuhe wurden zum Kultobjekt. Die neue "Designästhetik" ließ die Branche kopfstehen. bama-Schuhe tragen heute längst nicht mehr nur die "Vernunftapostel". Sie sind ebenso an den Füßen der In-Crowd zwischen Barcelona und London zu finden. Doch merke: Ein Ton allein macht noch keine Musik.

Das neue Design färbte schließlich auch aufs Innere des Unternehmens ab: Farbenfrohe Begeisterung machte sich breit. Hier managt einer, der sich die Farbe buchstäblich auf die Fahnen geschrieben hat – mit Erfolg. Denn seit dem Sprung in den Farbeimer hat bama eine Wiedergeburt erlebt. Die Mitarbeiter sind neu motiviert und erbringen mehr Leistung. Das Unternehmen hat sich vom Gesundheitsschuhhersteller zum Modeunternehmen katapultiert, die Umsätze gesteigert und neue Marktsegmente eingenommen.
Wurden Schuhe bisher vornehmlich importiert, so hat ein keckes und innovatives Unternehmen wie bama mit seiner bunten Philosophie den Trend umgekehrt. Die Mosbacher exportieren heute in ein knappes Dutzend Länder, und selbst in Japan schlüpft man in das farbige Schuhwerk der Badener.

Jeder Mensch fühlt sich intuitiv zu einer bestimmten Farbe hingezogen. Der Gemütstyp bewegt sich in Richtung Grün, der Feuertyp ist ganz wild auf Rot, der Klarkopf steuert spontan auf Blau zu. Diese ganz simple Beobachtung können Sie bei Tankstellen machen. An Autobahnauffahrten, wo man meistens eine große Auswahl an Anbietern hat, steuert fast jeder automatisch seine Präferenzfarbe an, sei es BP-Grün, Esso-Rot oder das tiefe Aral-Blau.
Porschefahrer werden bevorzugt Esso anfahren, der Familientyp im großen Volvokombi wird behutsam die BP-Station anlaufen, und der Denkertyp findet sich an der Aral-Zapfsäule wieder. Probieren Sie's doch mal aus: Machen Sie mit Bekannten den "Tankstellentest"!

Der Frieling Farbkreis →

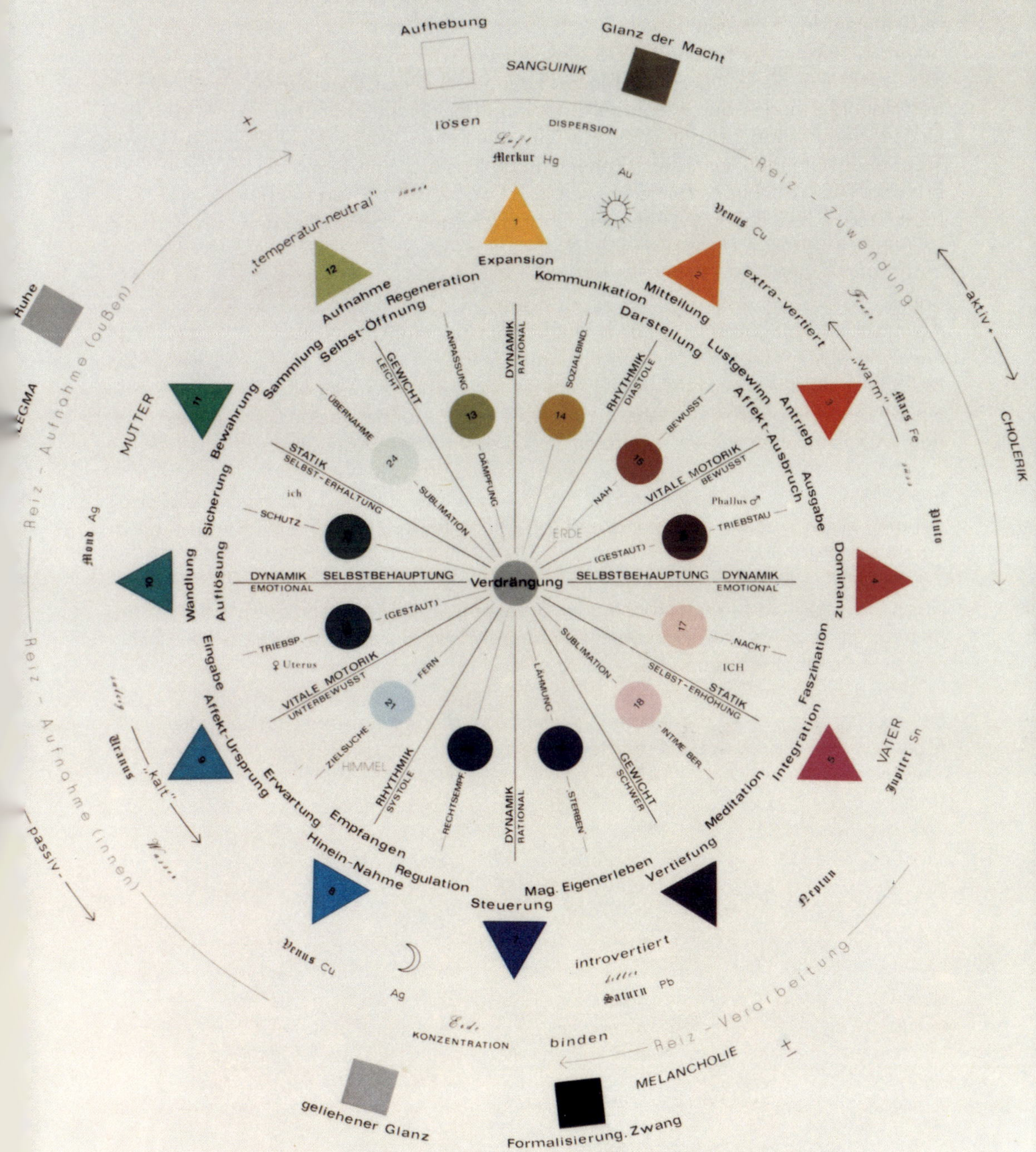

Aufhebung
Glanz der Macht
SANGUINIK
lösen
DISPERSION
Merkur Hg
Au
Reiz - Zuwendung
„temperatur-neutral"
Venus Cu
aktiv
extra-vertiert
„warm"
Mars Fe
CHOLERIK
Pluto
Ruhe
Reiz - Aufnahme (außen)
MUTTER
Mond Ag
Expansion
Kommunikation
Mitteilung
Darstellung
Lustgewinn
Antrieb
Affekt-Ausbruch
Ausgabe
Dominanz
Faszination
Integration
Meditation
Vertiefung
Mag. Eigenerleben
Steuerung
Regulation
Hinein-Nahme
Empfangen
Erwartung
Affekt-Ursprung
Eingabe
Auflösung
Wandlung
Sicherung
Bewahrung
Sammlung
Selbst-Öffnung
Regeneration
Aufnahme
1
2
3
4
5
6
7
8
9
10
11
12
13
14
15
17
18
21
24
DYNAMIK
RATIONAL
GEWICHT
LEICHT
ANPASSUNG
DÄMPFUNG
SOZIALBIND
RHYTHMIK
DIASTOLE
BEWUSST
ÜBERNAHME
SUBLIMATION
STATIK
SELBST-ERHALTUNG
ich
SCHUTZ
NAH
VITALE MOTORIK
BEWUSST
ERDE
Phallus ♂
TRIEBSTAU
(GESTAUT)
DYNAMIK
EMOTIONAL
SELBSTBEHAUPTUNG
Verdrängung
SELBSTBEHAUPTUNG
DYNAMIK
EMOTIONAL
(GESTAUT)
TRIEBSP.
♀ Uterus
NACKT
ICH
SUBLIMATION
SELBST-ERHÖHUNG
STATIK
VITALE MOTORIK
UNTERBEWUSST
FERN
LÄHMUNG
ZIELSUCHE
HIMMEL
INTIME BER
RHYTHMIK
SYSTOLE
RECHTSEMPF.
DYNAMIK
RATIONAL
STERBEN
GEWICHT
SCHWER
VATER
Jupiter Sn
Uranus
„kalt"
Reiz - Aufnahme (innen)
passiv
Neptun
Venus Cu
Ag
introvertiert
Saturn Pb
Reiz - Verarbeitung
KONZENTRATION
binden
MELANCHOLIE
geliehener Glanz
Formalisierung. Zwang

Manchmal spielen sich gerade bei der Neu- und Umgestaltung von Firmengebäuden witzige Geschichten ab. Bei der Farbplanung der Firma Boehringer in Mannheim kamen wir auf die Grundfarben Blau, Rot und Grün in verschiedenen Abstufungen. Nachdem alle Mitarbeiter nach ihren Farbwünschen befragt wurden, gab es keinerlei Probleme mehr in der Aufteilung: Violett für die Chefetage, Rot für das Marketing, Grün für den Vertrieb und Blau für die Verwaltung. Noch Fragen?

So farben- und facettenreich kann Erfolg sein. Um die richtige Farbe für Sie und Ihr Unternehmen herauszufinden, führen wir gerne mit Ihnen einen psychologischen Farbtest durch. Nennen Sie ganz spontan Ihre beiden Lieblingsfarben. Denken Sie zum Beispiel an die Farben, die Sie beim Kauf Ihrer Kleidung oder bei der Wahl Ihres Briefpapieres immer bevorzugen. Notieren Sie sie im Gedächtnis oder auf dem Papier. Und jetzt schauen Sie sich noch einmal die Tabelle von Frieling an. Eine genauere Analyse Ihrer favorisierten Farben können Sie in dem Buch "Der Frieling-Test" von Frieling und Schmidt finden.

Vielleicht bewegt Sie das Ergebnis "unserer" kleinen Farbenlehre, auch einige Dinge in Ihrem Leben oder Unternehmen neu wahrzunehmen, umzusetzen, zu modernisieren. Vielleicht sehen Sie jetzt manche Dinge auch ganz anders: zum Beispiel purpur, ultramarin ... oder gelb?!

Faber, Stephanie: Mein Farbenbuch. Die Magie der Farben. München 1987.

Frieling, Heinrich/Schmidt, Elmar Th.: Der Frieling-Test. Ein Farbtest zur Charakter- und Schicksalsdiagnostik. Göttingen, Frankfurt, Zürich 1974.

Lüscher, Max: Die Harmonie im Team. Kommunikation durch Umkehr-Denken. Düsseldorf, Wien, New York 1988.

Lüscher, Max: Der 4-Farben-Mensch. Der Weg zum inneren Gleichgewicht. Düsseldorf, Wien, New York 1989.

Pawlik, Johannes (Hrsg.): Goethes Farbenlehre. Textauswahl mit einer Einführung und neuen Farbtafeln. Köln ³1980.

Riedel, Ingrid: Farben. In Religion, Gesellschaft, Kunst und Psychotherapie. Stuttgart 1983.

Musik

Musik als Kraftquelle –
Wie Mozart Ihnen Muskeln verleiht.

Helmut Weyh

Ready-Made-Orchestra –
eine klingende Hommage
an Marcel Duchamp

Der Dalí-Schüler Hartmut Lincke erzählt: "Ohne Musik kann kaum ein Künstler arbeiten. Dalí hörte immer Wagner, ich höre alles mögliche während der Arbeit – jedoch nie Radio. Und glauben Sie nicht, daß man während des Arbeitsprozesses jeden Schritt präzise kalkuliert. Im Gegenteil: Die Musik sorgt dafür, daß ich es nicht weiß, und nur so entsteht meine Kunst."

Wenn ein Künstler nicht intuitive, sondern rationelle Entscheidungen träfe, wäre es mit der Kunst auf der Stelle vorbei.
Nur so kann überhaupt etwas Neues entstehen – manchmal auch ein Meisterwerk. Die Musik ist dabei ein kraftvolleres Stärkungsmittel als jedes Medikament.

Haben Sie nicht auch ein besseres Gefühl, wenn Sie eine rein intuitive, gefühlsgesteuerte Entscheidung getroffen haben? Und freuen Sie sich nicht auch, wenn in Ihrem Unternehmen ein sogenannter guter Ton herrscht?

Musik ist überall

Sie durchstreift unsere Gedanken, beeinflußt unsere Gefühle und versetzt uns in Zustände verschiedener Art.

In jedem Unternehmen herrscht ein gewisses Tempo, entsteht Harmoniebedürfnis, wird Dynamik an den Tag gelegt, der Takt möglichst gewahrt und der Konkurrenz gezeigt, wo die Musik spielt.

Ihr Orchester kann jedoch noch viel mehr – natürlich, solange nicht alles nach einer Pfeife tanzen muß und im Akkord arbeitet. Denn, daß eingespielte Teams zu einem besseren Rhythmus und einer ausgeglichenen Harmonie finden, hat sich inzwischen herumgesprochen.

Mit Musik können Sie die Kommunikation verbessern, Streß und Aggressionen abbauen, effiziente Konferenzen leiten, Ihre Partner schneller zu Entscheidungen bringen, sich selbst beruhigen, Energie auftanken, konsequenter und konzentrierter arbeiten.

Doch bevor wir Ihnen verraten, wie Sie die Klaviatur des Managements am besten beherrschen und Ihr Unternehmen dirigieren, kommen wir zunächst mal zu Ihnen selbst.

Hören Sie gut zu!

Musik bezeichnet Schwingungen von höchster Qualität. Sie werden vom Menschen ganz subjektiv empfunden. Man kann aggressiv werden, sich beruhigen, sich abreagieren, einschlafen oder die nette Dame vom Nebentisch mal zu einem kleinen Tänzchen auffordern.
Bei Marschmusik geht es zackig zu, bei romantischer Musik läßt es sich am schönsten träumen, und es geht die Kunde, daß so mancher Junggeselle ganz am Ende seiner Plattensammlung eine Extrarubrik namens "Unterrockstürmer" eingerichtet hat, die anscheinend große Treffsicherheit garantiert. Würden Sie etwa beim ersten Besuch eines potentiellen Lebensgefährten eine Packung "Motörhead", "Clash" oder "Sex Pistols" auf dem Plattenteller servieren?

Jeder Mensch ist musikalisch empfindlich, denn er hat zwei Ohren. Was Sie gerade beim Lesen alles hören, können Sie gar nicht so schnell registrieren, wie Sie es wahrnehmen. Hören ist unser größter sinnlich wahrnehmbarer Reichtum: Was man sieht, ist schnell verdaut, was man hört, sind Schwingungen oder Klänge,die von der Zeit begleitet werden.

Musik gibt Kraft

Sie kann aber auch Kraft nehmen. Wie diese Kräfte verteilt sind, beweist ein kleiner Test.

Leihen Sie sich von Ihrem Sohn oder Ihrem kleinen Bruder eine von jenen Platten, aufgrund derer Sie schon so manches Mal die Tür zugeknallt haben. Stellen Sie eine Personenwaage auf den Tisch, und legen Sie die heiße Scheibe auf (beispielsweise Heavy-Metal-Musik). Konzentrieren Sie sich nun intensiv auf das klangvolle Gedröhne, das an Ihr Ohr dringt. Drücken Sie dabei mit der geballten Faust und Ihrer ganzen Körperkraft auf die Waage. Merken Sie sich Ihren Spitzenwert, oder schreiben Sie ihn am besten auf. Mensch, sind Sie aber stark! Tja, bei so "starken Songs" bleibt Ihnen ja auch kaum etwas anderes übrig ... oder?!

Nun gehen Sie zu Ihrer CD-Sammlung, und legen Sie eine von den Sachen auf, die

Sie gerne nach einem harten Tag bei einem Glas Rotwein in Ihrem Lieblingssessel hören. Wiederholen Sie den "Kraftakt" an der Waage. Seien Sie ganz Ohr, und drücken Sie abermals mit vereinten Kräften auf die Waage. Versuchen Sie, die Gewichtsskala soweit wie möglich nach oben zu bringen.

Lesen Sie das höchste von Ihnen erreichte Gewicht ab, und vergleichen Sie den Wert mit Ihrem vorangegangenen Testergebnis.

Sind Sie überrascht? Der zweite Wert müßte höher sein als der erste. Wenn nicht, dann nehmen Sie beide Deckel dieses Buches sanft in die Hände, stellen Sie sich über einen Papierkorb und lassen es hineinplumpsen. Oder schenken Sie es einem Ihrer Mitarbeiter, oder wiederholen Sie den Test.

Haben Sie den Test jedoch unvoreingenommen durchgeführt, müßten Sie feststellen können, daß Sie bei ruhiger, meditativer Musik mehr Kraft hatten als bei lauter, enervierender Musik. Bei 90 Prozent unserer Testpersonen klappte dieser Versuch – der Unterschied der beiden Kraftakte lag bei bis zu 5 Kilogramm.

Musik lehrt lernen

Die positiven Eigenschaften sanfter Musik hat sich in den letzten Jahren die Pädagogik zunutze gemacht. Lernen ist ein unverzichtbarer lebenslanger Prozeß, gerade im Management. Hier sind die Verantwortlichen ganz besonders gefordert, denn sie müssen schnell und klug auf Wandel und neue Anforderungen reagieren können.

Das Wissen von heute wird jedoch zumeist mit Methoden von gestern vermittelt. Angeblich heißt Lernen Leiden, weil man sich von Dingen trennen muß, mit denen man bisher gelebt hat. Lernen kann aber auch heißen, seine Neugier zu fördern oder unmittelbar, das heißt intuitiv, aufzunehmen. Bei effektivem und kreativem Lernen kommen keine alten Schulerfahrungen wie Unlust, Angst oder Versagen auf.

Wissen ist Macht. Und je mehr man lernen, aufnehmen und umsetzen kann, desto erfolgreicher wird man sein. Daß optimale Lernergebnisse nur in einem entspannten und motivierten Klima erzielt werden können, hat die moderne Lernforschung festgestellt. Ihre Grundlagen gehen auf den bulgarischen Arzt und Psychotherapeuten Doktor Georgi Lozanov zurück, der nach effektiven und gleichzeitig angenehmeren Lernmethoden suchte. Er entdeckte, daß eine Synthese aus mentaler Entspannung, positiven Suggestionen, sanfter Musik und verschiedenen anderen Techniken Lern- und Assoziationsprozesse im Menschen in Gang bringen und um ein Vielfaches beschleunigen kann.
Lozanovs "Superlearning" ist ein ganzheitliches Lernsystem, das die Lernmotivation systematisch vergrößert, mentale Reserven aktiviert und die geistige Leistungsfähigkeit des Menschen nutzbar macht. "Superlearning" basiert auf den neuropsychologischen Erkenntnissen über die unterschiedliche Funktion der beiden Hälften des menschlichen Gehirns. Die linke Hälfte ist vorwiegend für das logisch-abstrakte Denken zuständig, die rechte Hälfte für das kreativ-assoziative Denken, für die Welt der Träume, Bilder und Phantasien. Beim traditionellen Lernen wird überwiegend die linke Gehirnhälfte angesprochen. Die Möglichkeiten der rechten Gehirnhälfte bleiben weitgehend ungenutzt. Doktor Lozanov schätzt, daß deshalb nur zehn Prozent der geistigen Energien genutzt werden. "Superlearning" nutzt das Potential beider Gehirnhälften.

Ein weiteres wichtiges Prinzip im "Superlearning" ist die Aufnahme des Lernstoffes im sogenannten "Alpha-Zustand".

Durch den Einsatz ganz bestimmter Musik – beispielsweise von Brian Eno "Ambient Music", eine Liste weiterer geeigneter Musikstücke befindet sich am Ende dieses Kapitels – kann man diesen Zustand erreichen. Plötzlich schießen die Gedanken im Kopf kreuz und quer herum, man assoziiert träumerisch, man erinnert sich an Dinge, die einem wesentlich sind, kurz: Man befindet sich im Zustand spannungsfreier Konzentration und Meditation, die Gedanken strömen fast schneller als die Zeit. Durch gezieltes Training lassen sich diese Möglichkeiten schulen und nutzen.

Die Effektivität von "Superlearning" ist weltweit durch zahlreiche Untersuchungen belegt. Es gibt heute schon viele Einsatzmöglichkeiten, wo sich diese neue Art des Lernens auszahlt. Erwiesenermaßen lernen Studenten mit der "Superlearning"-Methode dreimal schneller als Studenten, die konventionell den Lernstoff "einpauken". Insbesondere Fremdsprachen lassen sich mit "Superlearning" schnell und leicht beherrschen. In Crashkursen (Dauer: fünf Tage) lernen Erwachsene spielend das, was sie die Schule nicht gelehrt hat: Sie schaffen es plötzlich, fließend Englisch zu sprechen.

Das streßfreie Unterrichtsverfahren wird heute auch in Managementseminaren, EDV-Kursen und in der Lehrlingsausbildung eingesetzt und findet immer neue Anhänger. So erproben Audi die neue Methode, um Mitarbeiter im Umgang mit der Robotertechnik anzulernen, und Rank Xerox auf dem Gebiet der Informationsübertragung.

Was hat die Musik damit zu tun?

Ganz einfach: Musik bringt einen auf andere Gedanken. Musik löst nicht nur Stimmungen aus, sondern auch Bilder. Ideen und Vorstellungen, die im allgemeinen Tagesgeschehen in der Regel untergehen, kommen hier wieder zum Vorschein. Sie hören richtig: Wenn Sie richtig hören können, wird Ihr Büro zur Wüste, zum Meer, zu Wolken oder Flugbahnen. Anstatt sich an einer Sache gedanklich die Zähne auszubeißen, können Sie durch Hören mehr assoziieren.

Hören bedeutet nicht, das Radio einzuschalten und sich von morgens bis abends mit einer Geräuschkulisse einzunebeln. Eine solche Art Hören lähmt alles. Sie trivialisiert und beleidigt unser Aufnahmevermögen. Die sogenannte "Musik", die in den Supermärkten, Fahrstühlen und Flugzeugen dieses Planeten umhergeistert, ist ein bewußt eingesetztes Mittel zur sinnlichen Lähmung.

Hören heißt, die Musik zu ertasten. Hören Sie immer so laut wie möglich. Versuchen Sie, einzelne Instrumente "heraus"zuhören: die Oboe, den Baß, das Becken des Schlagzeugs, das Trompetensolo. Gehen Sie öfters in Konzerte und Clubs. Hören Sie Jazz oder klassische Musik, weil es dort besonders auf Ausdruck und Feinheiten ankommt.
Die Gäste des Kreativen Hauses bekommen bei uns was zu hören – ohne daß Sie es zunächst merken. Jeder Raum wird mit Klangteppichen ausgestattet, die äußerst fein gewoben sind und den Besucher in eine ruhige, entspannende Stimmung versetzen. Dadurch wird Energie aufgeladen, die wir abends bei impulsiver Musik mit schwingenden Tanzbeinen wieder freisetzen.

Zurück zur Tagesordnung

In Arbeitsgesprächen oder Versammlungen, wo es auf Klarheit und neue Denkrichtungen ankommt, empfiehlt sich zur anspannenden Atmosphäre entspannende Musik. Nutzen Sie eine installierte Klanganlage in Ihrem Unternehmen, um ab und zu eine sanfte Klaviersonate durch die Räume schweben zu lassen. Gönnen Sie das, was Sie abends Ihrer Hi-Fi-Anlage entlocken, auch sich und Ihren Mitarbeitern tagsüber – natürlich, ohne Mißfallen zu erregen. Die Musik soll keine Hauptrolle spielen, aber präsent sein.

Oder greifen Sie doch einmal selbst zum Instrument. Es gibt eine Vielzahl leicht erlernbarer Instrumente, die nicht auf Technik geeicht sind. Der amerikanische Psychologe und Musikwissenschaftler John Diamond empfiehlt Instrumente wie das australische Didjeridoo, bei dem man die Töne durch Lippenveränderung erzeugt und das einen sehr warmen Klang hat.

Wer auf diese intuitive Weise lernt, "durchs Ohr zu denken", wird spielerisch Probleme lösen können, die für das "klassische" Sinnesorgan unserer Kultur, das Auge, nahezu unlösbar zu sein scheinen. Das Ohr gleicht einem Kompaß. Es kann nicht nur werten, es vermag auch exakt zu messen.

Was wir sehen, wird grundsätzlich an die Vernunft weitergeleitet (Ausnahme: Bilder, siehe Kapitel "Kunst"). Wenn man lernt, die Ohren wieder richtig aufzusperren, wird man wesentlich mehr aufnehmen, erfassen, umsetzen und erreichen können als jemand, der nur Augen im Kopf hat. Denken Sie nur an Hans-Dietrich Genscher: Er hat seine Ohren überall und ist dienstältester Außenminister der Welt!

Geeignete Musikstücke

Abschalten

Brian Eno, Thursday Afternoon.

Brian Eno, Ambient I. – IV.

Brian Eno, Apollo (Soundtrack zur Dokumentation der Apolloflüge).

Ian Gabarek/Ralph Towner, DIS. Saxophon und Gitarre begleiten eine Äolsharfe an einem norwegischen Fjord, die vom Wind gespielt wird.

Paul Winter/Leonard Nimoy: Whales alive! Pazifische Walgesänge, gemixt mit sphärischen Klängen und der Rezitation von "Mr. Spock" sorgten für die meistverkaufte New-Age-Platte aller Zeiten.

Alles von *Kitaro*, unternehmerfreundliche Fahrstuhlmusik aus Japan.

David Sylvian/Holger Czukay: Plight and Premonition. Für alle, die keine Angst vor Gespenstern haben.

Pat Metheny/Lyle Mays: As Falls Wichita, So Falls Wichita Falls.
Indianerstimmen und Keyboardklänge.

Steve Roach, Dreamtime Return. Der Musiker als Nomade, mystisch und zugleich abgehoben wie ein Kondensstreifen am Horizont.

Keith Jarrett: Nicht alles, aber auf jeden Fall *The Survivor's Suite* und *Staircase.*

Paul Horn, Inside the Pyramid, The Peace Album und die vielen anderen Aufnahmen in Pyramiden und Kirchen. Raumübergreifende Flötenmusik von Taj Mahal bis Unterwasser.

Alice, Azimuth. Für alle, die fliegen wollen. (Nicht mit Azymuth verwechseln!)

Carla Bley, I Hate To Sing. Wahrscheinlich die lustigste Platte, die es gibt.

Nachdenken

John Coltrane, A Love Supreme. Diese Musik ist geweiht. Nur an gesetzlichen Feiertagen zu spielen.

James Newton, In Venice. Traumhafte Flötenklänge aus der Markuskirche in Venedig.

Jon Hassell, Power Spot. Elektrisch vertärkte Trompete mit ethnischen Figuren.

Seigen Ono, Comme des Garçons. Laufstegmusik von Tango bis Tokyo.

Anthony Davis, Episteme. Afro-amerikanisches Piano und griechische Mythologie.

Ulrich Gumpert spielt Erik Satie. Die Kultivierung des Kontinuums.

David Murray, Ming. Titel dieses revolutionären Albums ist auch der Name der schönsten Frau, die jemals ein Plattencover geziert hat.

Dollar Brand, Plays the Music of Duke Ellington. Für den, der das Köln Konzert nicht mehr hören kann und noch den Mut hat, bei Musik zu weinen.

Kip Hanrahan, Tenderness. Die Welt ist Erotik und Musik.

Antonio Carlos Jobim, Wave. Schöner und einfacher zugleich kann eine Melodie nicht klingen.

Talk Talk, The Flowers of Spring. Abgedrehter kann Popmusik kaum sein.

Ryuichi Sakamoto, Beauty. Womit alles gesagt wäre.

Arnold Schönberg, Verklärte Nacht. Am Rande der Filmmusik und der Zwöftonmusik. Magisch, mystisch, dunkel.

Serge Rachmanninoff, Konzert für Klavier und Orchester Nr. 4 g-Moll op. 40. Stimmungen, Steigerungen, von himmelhochjauchzend bis zu Tode betrübt.

Wolfgang Amadeus Mozart, Requiem. Eine musikalische Feier.

Cecil Taylor, Garden. Vorsicht: Ungeübte Ohren könnten auch eine Bruchlandung erleben.

Zakir Hussain, Making Music. Indische Musik auch für Nicht-Hippies.

Tanzen

Soul II Soul, Club Classics Vol 1.

Soul II Soul, 1990 A New Decade.

David Byrne, Brazilian Classics.

Sade, Stronger than Pride.

Prince, Sign`o' The Times.

Der eine tanzt hierzu, der andere dazu. Wer jedoch zu diesen Platten nicht tanzt, muß dringend zum Arzt.

Die Liste könnte unendlich verlängert werden. Unser Bemühen kann jedoch nicht weitergehen, als einige Protagonisten zu nennen, deren Namen in der Regel Gutes verheißen.

Weiterführende Literatur

Berendt, Joachim-Ernst: Nahda Brahma. Die Welt ist Klang. Frankfurt am Main 1983.

Berendt, Joachim-Ernst: Das Dritte Ohr. Vom Hören der Welt. Reinbek 1988.

Diamond, John: Lebensenergie in der Musik. Die Heilkraft der Musik. Freiburg ³1986.

Gritton, Charles E./Schuster, Donald H.: Suggestopädie in Theorie und Praxis. Bremen 1986.

Lippegaus, Karl: Die Stille im Kopf. Interviews und Notizen über Musik. Zürich 1987.

Kunst

Es ist die Schönheit, durch welche man zur Freiheit wandert.

Friedrich Schiller

Stefan Mattes, o.T., 1990,
Acryl/Lack/Teer auf
blondierter Leinwand,
Galerie Sophia Ungers

"Der Schreiber, der das lange erwartete Buch über Landschaftsmalerei schreiben wird, müßte nicht allein Historiker sein, sondern auch Psychologe, der am Leben gelernt hat, ein Weiser, der das Lächeln der Mona Lisa ebenso mit Worten wiederholen kann wie den alternden Ausdruck des tizianischen Karl V. und das zerstreute, verlorene Schauen des Jan Six in der Amsterdamer Sammlung. Er wäre von feinsten menschlichen Geistern umgeben, angeschaut von den schönsten, von den ernstesten, von den unvergeßlichsten Augen der Welt."

Dies schrieb der deutsche Dichter Rainer Maria Rilke in der Einleitung zu seinem Buch *Worpswede* über eine Gruppe von Künstlern, die sich im Zeitalter der rauchenden Schornsteine und riesigen Maschinen von den großen Städten abgekehrt hatten. Sie zogen aus, um Dinge zu suchen und zu malen, die überhaupt nicht in den industriellen Zeitgeist paßten: die herbe, aber idyllische Landschaft von Worpswede.

Seit 100 Jahren gilt Worpswede dank der Schaffenskraft und der internationalen Anerkennung dieser Künstler als "deutsches Kulturmekka", wesensverwandt mit dem amerikanischen Woodstock oder dem spanischen Dalí-Dörfchen Cadaqués. Obwohl sie nicht in den damaligen "Szene-Städten" lebten und arbeiteten, haben es Fritz Mackensen, Paula Modersohn-Becker oder Heinrich Vogeler mit den Darstellungen karger Moorlandschaften und großer Armut zu internationaler Anerkennung gebracht. Platon wollte die Künstler noch aus seinem "Staat" hinausjagen, Hegel verkündete den

Tod der Kunst, Nietzsche beschwor sie als einzige irdische Rettung, und heute stehen wir mit offenen Mündern vor den größten bleibenden Werten menschlicher Kulturen. Was wir dabei oft so schwer nachvollziehen können, ist der künstlerische Kontext, aus dem heraus das Bild entstand. Das große Mißverständnis in der Kunst liegt also darin, daß man ein Bild, eine Skulptur oder eine Fotografie nicht auf Anhieb versteht.

Die meisten Menschen reagieren mit Verachtung, wenn sie etwas nicht verstehen. Bei der Kunst verhält es sich aber ganz anders: Hier soll zunächst nichts verstanden werden. Die Kunst verlangt, intuitiv aufgenommen zu werden. Wo unsere rationellen Verstandesmechanismen ausgeschaltet werden, reagieren wir unsicher. Und auf dieses Glatteis wollen wir Sie jetzt führen.

Kunst macht stark

Wir hätten natürlich auch schreiben können: Kunst verleiht Kraft. Doch das wäre zuwenig. Wer sich einem Bild, einer Skulptur oder einem Objekt mit seiner anständigen Ausbildung und seinem logischen Verstand nähert, dem wird ein Beuys ewig ein Rätsel bleiben. Unser Denken wird auf den Kopf gestellt, und die wenigsten lassen sich auf solch ein Experiment ein.

Stellen Sie sich vor, Sie stehen vor einem Bild. Denken Sie sich Ihr Lieblingsbild. Setzen Sie zunächst die Farben im Geiste zusammen. Dann erscheinen Gestalten. Das Bild konturiert sich. Es erhält Dimensionen. Es erhält eine bestimmte Interpretation, eine Idee, ein Ideal. Sie merken: Das Bild hat eine ganz bestimmte Richtung, einen ganz bestimmten Stil. Wenn zum Beispiel eine Person abgebildet ist, werden Sie sofort sagen können, welcher Natur oder in welcher Verfassung die abgebildete Person ist. Denn das Bild ist nichts weiter als eine Projektion von dem, was Sie in der Realität oder in der Phantasie hundertfach wahrgenommen haben – unbewußt oder beiläufig. Jetzt stellt es sich dar. Jede Kunst ist aus dem Kopf oder Bauch eines Menschen entsprungen. Schon deswegen ist sie ein Stück abgebildeter Realität. Und wir können ständig etwas Neues in der Kunst entdecken.

Die einzige Voraussetzung bei unserem "Kunstspaziergang" ist, daß wir ohne Voraussetzung an ein Bild, eine Fotografie oder eine Skulptur herangehen. Wir wollen etwas von der Kunst erfahren, bevor wir etwas in sie hineininterpretieren. Erst wenn wir langsam in unserem Inneren etwas wiedererkennen, deutet sich etwas Neues an. Das hat unsere geistige Turnübung gezeigt. Wer sich auf die Kunst einläßt, begibt sich auf das unsichere Terrain der Phantasie und Imagination. Kunst geht an die Substanz. Und so gewinnen wir eine vollkommen neue Einstellung.
Im realen Alltag, sei es im Straßenverkehr oder bei einer Managerkonferenz, müssen wir ständig auf der Hut sein, rationell denken und entscheiden. Dann ist alles in bester Ordnung. In der Kunst wagen wir den Seitensprung in das "Reich der Sinne", die Ästhetik. Wenn wir uns dort hineinfallen lassen (und zwar möglichst oft!), können wir neue Horizonte, Perspektiven und ... Ideen ausmachen. Hier herrscht Unordnung. Die Kunst vermittelt, was wir alle denken, fühlen, handeln – nur auf einer wesentlich höheren Ebene! Beim Anblick von Kunst spüren wir, daß es um allgemeinere Werte und Gesetzmäßigkeiten geht als die rote Ampel oder schwarze Zahlen. Wir befinden uns auf der Ebene der Vision, die, wie Sie wissen, mindestens ebenso relevant ist wie die nackten Fakten. Kunst verleiht uns neue Kräfte. Sie verlangt noch dazu Unbefangenheit.

Kunst ist schön

Manchmal stehen wir vor einem Bild und können nicht sagen, warum es uns so gut gefällt. Nicht, weil wir die vulgäre Absicht bestätigt finden das Bild stimme mit der sichtbaren Realität überein. Nicht, weil der Maler ausgerechnet unsere Lieblingsfarben (sic!) gewählt hat, die so gut in die Wohnung passen würden. Sondern, weil wir das Bild "einfach schön" finden. Und das, obwohl jeder namhafte Künstler irgendwo gegen die Spielregeln unserer kartesianischen Vernunft verstößt. Ist das nicht eine wunderbare Abwechslung?

Bilder schaffen neue Sehgewohnheiten und zeigen neue Zusammenhänge auf. Um das zu erkennen, muß man nicht unbedingt ins Museum rennen. Werner Peters hatte eine wunderbare Idee: Anstatt seine Doktorarbeit über Sokrates zu schreiben, eröffnete er in Köln ein Hotel. Anstatt die einzelnen Zimmer mit Standarddekor und Pastellpostern auszurüsten, beließ er sie zunächst in schlichter Kahlheit. Doch das sollte sich bald ändern. Als der Maler Martin Kippenberger im Hotel gastierte, schlug er vor, seine Rechnung mit einem Bild zu begleichen. Peters willigte ein. Die Geschichte sprach sich herum, und viele Künstler kamen, um für den Preis eines Bildes ein paar Nächte "abzuschlafen". Heute hängt in jedem Raum ein Original von Markus oder Albert Oehlen, Martin Kippenberger oder Walter Dahn, und das Hotel "Chelsea" ist ein "Szene-Treffpunkt" geworden. Peters, der auf diese Weise unvermutet in den Besitz von Reichtümern gekommen ist, kann sich vor Pseudokünstlern, die nicht nur schlafen, sondern auch noch bekannt werden wollen, kaum noch retten.

Kunst macht frei

"Jede Kunst stellt eigene Regeln auf. Aber die sind gerade dazu da, um gegen sie zu verstoßen. Die Kunst besteht nur aus dem Neuen!" So der amerikanische Weltmusiker Don Cherry. Künstler sind also die Produzenten von Visionen oder, wie man sagt, "ihrer Zeit voraus". Schade nur, daß wir uns meistens das vorenthalten wollen, was Gegenstand der Kunst ist, und es kaum noch auszusprechen wagen: das Schöne. Wer sich die Frechheit zur Freiheit erlaubt, kann sich freischwimmen, anstatt in Konventionen zu versumpfen!

Es gibt Unternehmen, deren Vorstandsmitglieder kaum noch wissen, wie die ursprüngliche Philosophie Ihres ganzen Unternehmens einmal lautete. Gerade deshalb haben heute viele Manager Schwierigkeiten, Produkte abzusetzen. Nur Unternehmer, die unbefangen sind und über den Tellerrand ihrer Aktivitäten schauen, können die lebenswichtige Identität Ihrer Firma erhalten. "Unternehmenskultur" ist in unserer Zeit wieder ein begehrtes Ideal.

Wer sich um seine Ambitionen und sein Konzept so "künstlerisch" bemüht, wie es ein gewisser Hermann Bahlsen bereits im 19. Jahrhundert getan hat, braucht sich jedoch keine Sorgen zu machen. Der Hannoveraner Fabrikant war ein Produktpionier und tatkräftiger Visionär, wie man ihn heute in jedem Vorstand gerne hätte. Er führte den englischen Begriff "cakes" für ein süßes Kleingebäck ein. Nach einigem Hader mit Sprachwissenschaftlern konnte er sich schließlich mit dem eingedeutschten Namen "Keks" durchsetzen, einem Wort, welches vom Duden aber erst 1944 aufgenommen wurde. Bahlsen trug außerdem Sorge für "die Verwendung bester Grundstoffe und Beachtung peinlichster Sauberkeit bei der Fabrikation nach streng hygienischen

Grundsätzen" (siehe Krause-Brewer/Barbier [Hrsg.]: *Die Person hinter dem Produkt*) und führte mit diesem Schritt eine neue Qualitätspolitik ein. Er benannte seinen Keks – wohl bis heute ein Kuriosum – nach dem großen deutschen Philosophen Gottfried Wilhelm Freiherr von Leibniz. Das war kein Gag, sondern der Wille, sein Produkt mit Teig und Zucker und mit einer Idee zu füllen. Ganz im Gegensatz zum damaligen Zeitgeist, wurden seine Angestellten gut behandelt. Denn Bahlsen betrachtete sein Unternehmen als kulturelles Konstrukt und nicht als Imperium zwischen Herrschaft und Knechtschaft. Bahlsen dachte weiter.

Er ist wohl einer der ersten, der das Potential eines Künstlers für sein (wörtlich genommenes) Unternehmen erkannte, um eine Identität zu schaffen.
Das Bahlsen-Logo mit seinem ägyptischen TET-Zeichen (TET bedeutet "ewig, dauernd") ist heute ein weltbekanntes "Bild". Bahlsen war nicht nur großer Mäzen, sondern setzte durch seine Gunst kreatives Potential frei. Mit dem Bildhauer Bernhard Hoetger entwickelte er bereits um die Jahrhundertwende eines der gigantischsten Vorhaben der Industriekultur: die TET-Stadt.
Hoetger schuf das Modell einer eigenen Infrastruktur, mit Kino, Schule und Grünanlagen. Wahrscheinlich war die große Auswanderungswelle Anlaß dieses Vorhabens: Es war der Versuch, den Menschen das Leben so angenehm wie möglich zu machen, um sie in Deutschland zurückzuhalten. Die Arbeiter sollten nicht mehr als Menschen zweiter Klasse behandelt werden, sondern mit ihren Familien in einer eigenen "Lebenswelt" koexistieren und mehr vom Leben haben. So wäre mit der TET-Stadt erstmals eine menschenwürdige und zugleich produktive Infrastruktur entstanden. Der Erste Weltkrieg setzte dem kühnen Versuch einer beispielhaften Kultur jedoch ein jähes Ende.

Daß sich Hermann Bahlsen ausgerechnet zu Bernhard Hoetger hingezogen fühlte, ist vielleicht kein Zufall: Hoetger hat besonders in seiner Architektur Ordnungsprinzipien durch organische Formen untermauert. Wenn Hoetger ein Haus baute, saß kein Stein exakt auf dem anderen: Er setzte jeden einzelnen nach Augenmaß und ästhetischem Empfinden. Seine Gebilde und Gebäude sind Symbole der organischen Frechheit: Wo's eckig sein soll, geht's rund – ausgerechnet. Zu seiner Architektur existiert keine einzige Entwurfsskizze.

Kunst hat zwei weitere Momente, die das Geschäftsleben zeitweise aufmuntern können: Die Provokation und die Überraschung. Man überrascht durch neue Ideen und provoziert durch den Willen, diese durchzusetzen. Sei es nun auf der Documenta oder im Sitzungssaal: Es riecht nach Veränderung – beziehungsweise nach dem, was man sich heute unter "Wandel" verspricht. Wer sich darauf einlassen kann, ist ein guter Betrachter. Wer den Wandel provoziert, ist ein Unternehmenskünstler. Diese Charaktere werden die Ökonomie der Zukunft bestimmen.
Als man sich gerade auf Bahlsens Sperenzchen eingestellt hatte, zog er die nächste Idee aus der Tasche. Komisch, daß ausgerechnet solch ein Spinner dafür gesorgt hat, daß der "Leibniz-Keks" zu den ältesten Markenartikeln gehört.

Das Schöne erweitert die Wahrnehmung und regt durch das natürliche Durcheinander an. Und noch etwas: Egal, ob arm oder reich, berühmt oder unbekannt, Chef oder Angestellter: Kunst ist für alle da, und jeder kann sie in vollen Zügen genießen. Und es ist immer wieder aufregend zu erleben oder nachzuvollziehen, wie sich in der Kunst ein Umbruch oder eine Brechung ereignet. Kunst ist schön. Schön, daß es Kunst gibt.

Wir sind stolz darauf, daß einige Kunst-Umdenker der Jahrhundertwende aus Worpswede stammen und mit ihren Bildern gerade das gezeigt haben, was ihre landflüchtige und industriebesessene Generation nicht sehen wollte: einen Sinn in der Zurückgezogenheit, ein Schöpfen aus der vorhandenen Natur. Das Kreative Haus lebt die Tradition des Andersdenkens in seinen Grundmauern weiter: Es ist Bernhard Hoetgers ehemaliges Wohnhaus.

Bochow, Peter/Wagner, Hardy: Suggestopädie. Speyer ^{2}1988.

Boulboullé, Guido/Zeiss, Michael (Hrsg.): Worpswede. Kulturgeschichte eines Künstlerdorfes. Köln 1989.

Golücke, Dieter: Bernhard Hoetger. Bildhauer, Baukünstler, Designer. Worpswede 1984.

Hegel, Georg Wilhelm Friedrich: Vorlesungen über die Ästhetik. Frankfurt am Main 1986.

Heidegger, Martin: Der Ursprung des Kunstwerkes. Frankfurt am Main 1960.

Honnef, Klaus: Kunst der Gegenwart. Hamburg 1987.

Kant, Immanuel: Kritik der Urteilskraft. Frankfurt am Main 1984.

Krause-Brewer, Fides/Barbier, Hans D. (Hrsg.): Die Person hinter dem Produkt. Bonn-Bad Godesberg ^{2}1988.

Pawlik, Johannes: Praxis der Farbe. Bildnerische Gestaltung. Köln 1981.

Rilke, Rainer Maria: Worpswede. Frankfurt am Main 1987.

Schiller, Friedrich: Über die ästhetische Erziehung des Menschen. Stuttgart ^{2}1989.

Wöbbeking, Horst/Pawelcik, Hans-Günther/Stock, Wolf-Dietmar: 100 Jahre Künstlerort Worpswede. Fischerhude 1989.

Phantasie

Live your dreams!

Junge kalifornische Lebensweisheit

Helmut Weyh,
Das bewegliche Bild.
Das gelbe Quadrat und das
grüne Rechteck sind als
Magnettafeln flexibel montierbar,
so daß täglich ein anderes
Bild entstehen kann.

Phantasie und Erfolg

Ein Bild aus glücklichen Tagen: Das Kind steht lachend vor dem Elefantenbecken, der Elefant streckt gerade seinen langen Rüssel aus, und in diesem Moment drückt Papa ab. Sekunden später hat der Elefant den Papa bis auf die Haut naßgespritzt, Papa steht patschnaß da, und die Tochter freut sich, denn der Besuch im Zoo hat sich gelohnt. Noch tagelang wird dieses Ereignis Thema Nummer eins an den Kaffeetischen der lieben Verwandten und Bekannten sein, bis dann endlich auch die schönen Fotos dazu fertig sind.
Doch das versteht Kindchen nicht so recht.

"Papa?"

"Ja, mein Schatz?"

"Wieso dauert das so lange?"

"Was dauert so lange?"

"Na, das Foto!"

"Ja, weil das doch noch entwickelt werden muß!"

"Aber, warum kann ich das Bild denn nicht gleich anschauen?"

"Ach, Dummerchen, das geht doch gar nicht, weil ... Moment mal, warum eigentlich nicht?...Da hat doch noch nie ein Mensch...ich muß mal telefonieren! ...Verbinden Sie mich sofort mit der Entwicklungsabteilung, ich habe eine Wahnsinnsidee!"

Zugegeben, bei dieser Geschichte ist ein wenig diejenige mit uns durchgegangen, um die es uns hier geht: die Phantasie.
Fest steht: So begann die Geschichte eines internationalen Markterfolges namens Polaroid. Vor besagtem Hersteller von Fotofilmen und -apparaten hatte niemand die Überlegung angestellt, ob Fotos heute vielleicht schon viel schneller entwickelt werden könnten, als es zu Zeiten ihrer Erfindung der Fall war! Auf diesen Gedanken hatte ihn seine eigene vorwitzige Tochter gebracht. Der Rest ist Geschichte und die Polaroidkamera heute ein gängiger Begriff. Wo man geht und steht, kann man unmittelbar jedes Geschehen dokumentieren. Fast jeder hat eine, und spätestens, wenn man den Kindergeburtstag oder die jugoslawische Familie am Nebentisch aufheitern will, wenn man mit dem Wagen liegenbleibt und ein nettes Briefchen an die Versicherung schicken muß, wenn man den ersten Gehversuch des Jüngsten oder eben das Wasserkonzert eines Elefanten mit dem berühmten Vorher-nachher-Effekt festhalten möchte, dann genügt der schnelle Griff zur "Sofortbild-Kamera". Eine witzige Werbekampagne macht diese Botschaft mit handfesten Slogans deutlich, so als wollte sie sagen: Phantasie ... müßte man haben.

Eine simple Idee wurde zu einem Riesenmarkterfolg. Wir leben in einer Zeit, in der Marktlücken suchen und finden eine der wichtigsten Beschäftigungen eines jeden Managers sein sollte. "Filling the gap" ist das neue amerikanische Erfolgsprinzip. Ideen entwickeln, Löcher auftun, Löcher füllen. Nur: Wo etwas einschlagen soll, bedarf es einer gewaltigen Kraft ...

Geistesblitze – woher nehmen und nicht stehlen, das ist das Programm unseres Kapitels über Phantasie.

Polaroid ist ein Konzept, das im Grunde auf der Hand liegt. Heute würde man sagen: "Dazu braucht es doch nicht viel Phantasie." Das Gegenteil ist der Fall. Genial ist meistens das Nächstliegende, das Simpelste, etwas, "worauf doch jeder kommen könnte". Das Problem der meisten Menschen ist jedoch, daß sie komplizierte Dinge simplen Vorgängen vorziehen, sich ständig zusammenreißen, anstatt sich gehenzulassen, sich Kopfzerbrechen bereiten, statt ihrer Phantasie freien Lauf zu lassen. Wir sind zu Disziplin und Ordnung erzogen. Jemand, der mit sauberen Fingernägeln zum Mittagessen erscheinen muß, der gelernt hat, daß Qualität von Qual kommt, der stets mit korrekter Bügelfalte pünktlich am Arbeitsplatz erscheint und den Arbeitsplatz auch pünktlich und sauber wieder verläßt, der hat seine Phantasie am ersten Tag an der Schulpforte abgegeben und sich bisher nur Dingen gewidmet, die kompliziert, schwer und böse erscheinen. Den Feind besiegen, ist die Parole der Arbeit.
Kinder, wie unser Beispiel zeigt, sind davon noch unbefleckt. Sie dürfen dumme Fragen stellen, sind neugierig und erkennen selbstverständliche Prozesse nicht an. Und ... sie fragen Löcher in den Bauch, ein Kapital, das vollkommen unterschätzt wird. Unsere Generation fragt nicht mehr. Wir sind abgebrüht, auf jede Überraschung

gefaßt, nichts kann uns mehr umhauen. Mit dem Abiturzeugnis haben wir bewiesen, den Stein der Weisen gefressen zu haben, es gibt keine Fragen mehr. Wie nie zuvor sind wir Verehrer der Normalität, erkennen alles an, was gewöhnlich ist, hinterfragen nichts, verhalten uns stromlinienförmig, suchen den kleinsten gemeinsamen Nenner des Erfolges und kleiden uns anständig, dezent, keinesfalls kompromittierend. Um möglichst schnell reich zu werden, wollen wir schließlich keine diplomatischen Fehler machen, keine Norm aufheben, keine Konventionen brechen. Der Niedergang der Yuppie-Ära zu Beginn der neunziger Jahre zeigt bereits, daß es damit nicht so klappen will. Die Industrie basiert auf Ideen. Wer überlegt, ist überlegen.

Warum in die Ferne schweifen, liegt das Gute doch so nah?

Weil die meisten guten Ideen so einfach sind, kommt anscheinend niemand drauf! Es ist viel leichter, kompliziert als einfach zu sein. Es ist viel leichter, eine gute Idee mit tausend Argumenten "abzubremsen", als sie anzuerkennen und ihre Möglichkeiten durchzuspielen. Viele Menschen und Manager sind Profibremser. Sie lehnen jegliche Bewegung oder Veränderung ab, indem sie ständig ihre Bedenken äußern, auf die Vorschriften verweisen und mit ihrem ewigen "Das-geht-nicht"-Credo so manch wertvolle Werbekampagne, so manch millionenschwere Produktidee in den Papierkorb schmeißen und dabei noch das Gefühl haben, sie hätten sich gerade profiliert! Auch wenn der Terminus nicht exakt auf die Gesamtheit dieses Typus zutrifft, kann man sie allgemein als "Beamte" bezeichnen. Diese gut erzogenen Logiker sind darauf spezialisiert, sich und anderen das Leben schwerzumachen.
Phantasie ist das Signal unserer Unmittelbarkeit, und sie ist in der Regel so unmittelbar, daß wir sie, wenn überhaupt, nur ganz kurz als Phantasie wahrnehmen. Dadurch entgehen uns die meisten unserer wertvollsten Gedanken.
Die Menschen, die wir als "phantasievoll" bezeichnen, sind in der Lage, ihre Phantasiequelle anzuzapfen und genauso unmittelbar umzusetzen, wie sie die Signale empfangen haben. Das erfordert hartes Training in Sachen lockerlassen. Wir wollen hier keineswegs erreichen, daß Sie demnächst in Ihrem Unternehmen in knallbunten Pumphosen auf den Gängen Sackhüpfen veranstalten, sondern wir wollen Ihnen vorschlagen, über Ihre Phantasie nachzudenken und sie wieder spielen zu lassen – um zu zeigen, wie wichtig sie ist. Deshalb bieten wir Ihnen jetzt:

Die phantastische Reise in den eigenen Geist

Diese Reise können Sie weder an den bekannten Vorverkaufsstellen buchen noch gibt es eine Garantie, wo Sie landen werden. Wir veranstalten sie regelmäßig mit all unseren Besuchern und Gästen.
Nach ein paar einleitenden Yoga-Übungen geht es dann auf die große Reise ins Unbekannte. Unsere Gäste fahren liegend, entspannt, mit geschlossenen Augen. Dann vernehmen sie nichts mehr als die fast unhörbar leise Musik und die ruhige Stimme des Reiseleiters Hubert. Unter seiner Anleitung geht es erst mal durch den gesamten Körper, bis der vollends entspannt ist. Dann wird es Zeit, ihn zu verlassen. Jetzt geht die Reise erst richtig los. Wenn wir vorher ein leichtes Magendrücken, einen Juckreiz am Knie oder Migräne hatten, dann haben wir diese Trivialitäten jetzt längst hinter uns gelassen. Wir sind nun ganz Geist. Je nachdem, was Hubert sich für einen "Trip" ausgedacht hat, können wir nun mit dem Kopf sehen, lassen Bilder vor unserem geistigen Auge ablaufen, sehen uns selbst am Strand entlangrennen, fliegen oder wie ein Fisch unter Wasser umherschwimmen. Viele denken, es sei schwierig, so weit zu

kommen. Dem ist jedoch nicht so. In unserer Phantasiereise werden Sie erst einmal dermaßen entkrampft, daß Ihnen am Schluß gar nichts anderes übrigbleibt, als sich nicht mehr anzustrengen!
Sie werden staunen – es klappt bei mindestens 98 Prozent unserer Teilnehmer! Ein kleiner Nebeneffekt dabei ist lediglich, daß viele "Phantasietouristen" im Laufe der Reise ganz gemächlich einschlafen. Sie werden mit einem kleinen Haustrick, den wir an dieser Stelle leider geheimhalten müssen, wieder sanft ins Diesseits befördert. Was unsere Gäste anschließend an Reiseschilderungen abliefern, setzt der Phantasie keine Grenzen mehr! Man ist entspannt, man ist fröhlich, man geht wieder locker an die Arbeit ... und sprüht plötzlich von Ideenreichtum! Statt immer korrekte Antworten zu geben, stellt man auf einmal lieber originelle Fragen, statt nach Noten zu spielen, beginnt man frei zu improvisieren, statt auf äußere Erfahrung zu bauen, hört man neuerdings auf seine innere Stimme, die in den letzten Jahrzehnten eher kleinlaut zur Rede kam: die Stimme der Phantasie. Wir haben sie schon lange nicht mehr gehört, denn Phantasie war das letzte, was in der Wirtschaft der vergangenen fünfzig Jahre gefragt war. Wir bewundern zwar neue Erfolgskonzepte à la Moschino oder Fiat Panda, sind aber oft zu feige und unfähig, etwas ähnlich Revolutionäres aus der Taufe zu heben. Der große Fehler der meisten: Sie studieren die Erfolgsmuster und glauben, mit dieser Masche den gleichen Erfolg erzielen zu können. Was sie dann selber stricken, geht in der Regel in die Hose. Kein Wunder, denn Markterfolg beruht auf Innovation. Wer feige ist, wird es nie zu einem großen Namen bringen. Wer nach bewährten Mustern strickt, macht sich und das Original nur schlechter. Phantasie entwickeln und gebrauchen, das wagen nur die wenigsten. Und die können, sobald sie von ihrer Idee überzeugt sind, mit Ruhm und Ehre rechnen. Was macht den Reiz der Wirtschaft aus? Daß die Biographien der großen Macher unter dem Titel "Große Spinner der Menschheit" geführt werden könnten!

Auf die inneren Werte kommt es an

Solange wir abends die Äuglein schließen und morgens wieder aufschlagen, denken wir. Das Gehirn kennt keine Pause, es arbeitet durch. Leider verschenken wir einen großen Teil unseres Potentials indem wir verwalten, organisieren oder ähnliches tun. Wir wollen nicht, daß Sie sich zukünftig auf eine grüne Wiese legen und in den Himmel gucken. Aber schulen Sie Ihre Phantasie!
Ihre Gedanken, Ideen und Vorstellungen sind schon da, aber noch nicht in greifbarer Nähe. Jeder kennt das Problem. Auch wenn man sich tagaus, tagein mit trivialen Dingen beschäftigt, manchmal schleicht sich doch so eine komische Idee ein, so ein kleiner Funke von einem Geistesblitz, so eine Vorstellung, daß vielleicht ..., und schon ist sie wieder weg. Wie wenn man einen heftigen Traum hatte, morgens aufwacht und spürt, wie stark die Wirkung dieses Traumes war, obwohl man sich an keinerlei Inhalt erinnern kann. Man würde alles dafür geben, diesen Traum zurückzuholen, aber er will und will nicht mehr in die Erinnerung zurückkehren!
Dabei gibt es einen einfachen Trick. Wenn wir bereit sind, unsere Träume ernst zu nehmen, dann können wir sie auch behalten. Wenn wir sie behalten, dann können wir sie auch leben. Wenn wir eine Vorstellung von dem haben, was wir eines Tages sein wollen, dann können wir uns auch an diese Marschroute halten. Aus der Phantasie entwickelt sich unsere Vision (sic!) von dem, was wir schaffen wollen ... und können. Wenn wir wie die Betriebsblindschleichen zur Arbeit rennen, haben wir weder Vision noch Phantasie. Wenn wir uns selbst als Rennfahrer auf einem Siegertreppchen sehen können, haben wir auch eine Orientierung unseres Schaffens.

Wenn wir uns unsere wildesten Phantasien vergegenwärtigen können, ist der erste wichtige Schritt geschafft: Wir *sehen* etwas. Nun schnappen wir uns ganz hurtig den nächsten Fetzen Papier und malen etwas darauf, ohne uns große Gedanken darüber zu machen. Wenn Sie morgens im Halbschlaf auf das Klingeln des Weckers warten, denken Sie meistens über die Arbeit nach ... und das, was noch zu leisten ist. Auf einmal ist sie da – die Idee! Packen Sie sie direkt beim Schopf und knallen Sie sie unbarmherzig aufs Papier, dann kann sie nie wieder verlorengehen. Sie müssen mutig genug sein, um über sich selbst lachen zu können, sonst hat das Ganze keinen Zweck. So wie wir früher verschämt Liebesbriefe geschrieben haben, über die wir uns heute köstlich amüsieren können, müssen wir unserer Phantasie freien Lauf lassen und später das Niedergeschriebene nachlesen. Aus der Phantasie kommt die Vision, aus der Vision die Erfüllung. Was ist lebenswerter: Wenn Sie eines Tages Ihren erstrebten Rentensatz erreicht haben oder wenn Sie eines schönen Tages derselbe Typ sind, den Sie sich in Ihren kühnsten Träumen ausgemalt haben?

Schläfer erwacht!
oder
Die Kunst des Sichausmalens.

Die Kurzanleitung für den aufgeweckten Manager

Mit ein bißchen Phantasie geht alles. Damit Sie im Reiche der Phantasie nicht die Orientierung verlieren, empfehlen wir einen kleinen, ganz geheimen, privaten Notizblock, in dem sie all Ihre innersten Wünsche, Träume und Sehnsüchte notieren. Dieses Buch soll nicht in Ihrem Safe liegen, sondern immer parat sein. Teuer soll es sein, mit dem besten Papier und dem schönsten Umschlag ausgestattet, damit Sie sich wie ein Schriftsteller der Jahrhundertwende fühlen. Mit Ihrem Lieblingsschreibgerät kritzeln Sie, bar jeder Ordnung und Grammatik, all Ihre intimsten Phantasien hinein, die Sie nach der Marschrichtung "Warum eigentlich nicht?" ungeordnet und handgeschrieben verewigen. Oder Sie fordern sich selbst heraus, indem Sie das leere Buch in Kapitel gliedern wie "Ziele", "Hoffnungen", "Träume", "Ideale".
Dazu genügt im Grunde auch schon eine Rubrik im hinteren Teil Ihres Terminkalenders. Es gibt bereits Kalender und Adreßverzeichnisse, die neben den üblichen Rubriken auch noch die Unterteilung "Wünsche" anbieten – damit man sich neben dem ganzen terminlichen Brimborium auch ab und zu noch dem Wesentlichen widmet. Ein netter Gedanke, wie wir meinen.
Damit die wertvollsten Ihrer Gedanken also nicht verlorengehen, haben Sie nun das nötige Rüstzeug im handlichen Taschenformat. Jetzt erkennen Sie auch, wie flexibel solch ein Ideensystem ist. Mit ein bißchen Training werden Sie bald in jedem Wartesaal, auf jedem Flug, in jedem Restaurant und auf jeder langweiligen Sitzung Ihren wildesten Phantasien hinterherjagen, Bilder malen und Ideen fixieren, die vielleicht morgen schon stückchenweise Wirklichkeit werden. Alternativen wie Diktiergerät oder Recorder bieten sich natürlich ebensogut an. (Dieses kleine Buch wurde beispielsweise mittels Diktiergerät auf dem Pferd verfaßt.) Aber notabene: Mündliche Information ist auch leicht für andere zugänglich!

Phantasie braucht Freiraum. Und die nötige Freizeit. Das wichtigste Element zum "Phantasieren" ist die Ruhe. Und diese Ruhe sollte man sich gönnen – immerhin entspringen der Phantasie die wichtigsten Blüten einer Unternehmenskultur. Ein schönes Beispiel erzählte uns unser Freund Rudi, als er nach einem dreimonatigen Japanaufenthalt wieder nach Hause kam. Er hatte dort in der größten Werbeagentur der Welt gearbeitet. Ihm fiel besonders auf, daß in den Etagen mit ihren Großraumbüros zwar ein geschäftiges Treiben herrscht, daß jedoch die Mitarbeiter an den Fenstern scheinbar überhaupt nicht ausgelastet sind. Sie sitzen den ganzen Tag da, dösen ein wenig vor sich hin und lesen sogar Zeitungen und Bücher. Fast schien es, als werden diese Leute fürs Nichtstun bezahlt.
Rudi ließ sich bald aufklären. Diese Herren sind die sogenannten "Window-viewer". Sie "dürfen" aus dem Fenster schauen. Sie haben lange Jahre für die Firma gearbeitet und sich in dieser Zeit sehr verdient gemacht. Wenn sie älter werden, dankt man ihnen mit einem Fensterplatz. Sie brauchen keine Ad-hoc-Entscheidungen mehr zu treffen, sondern stehen dem Unternehmen als Berater zur Verfügung, da sie den Betrieb schließlich am besten kennen und die restlichen Mitarbeiter ihnen ihren Job zu verdanken haben. Im Gegensatz zu den Unternehmenskulturen der westlichen Hemisphäre gestattet man den Mitarbeitern der älteren Generation, ab einem gewissen Zeitpunkt, anstatt immer härter zu arbeiten, ihre Phantasie ins Spiel zu bringen. So sitzen sie den ganzen Tag und lassen ihren Gedanken freien Lauf – stehen ihren Nachfolgern zur Beratung zur Verfügung. Wie wir meinen, ein Musterbeispiel nicht nur für integrierte Phantasie, sondern auch für Menschlichkeit. Anstatt körperlich schwächer werdende Mitarbeiter auszubooten oder aufs Abstellgleis zu stellen, werden ihre Verdienste dadurch honoriert, daß sie ihre Erfahrung an die Jüngeren weitergeben.

Lassen wir unsere Phantasie wieder blühen. Wir brauchen dazu die Ruhe, die Stille, die Muße, das "Doing-by-Non-Doing", und das ist für uns beinahe undenkbar, ja geradezu verboten. Wir glauben, immer rennen zu müssen, rotieren zu müssen, wie ein Hamster im Käfig. Statt dessen sollten wir das "Window-viewing" kultivieren und für unsere verdienten Mitarbeiter in Betracht ziehen. Ein "Zimmer mit Aussicht" ist sicherlich auch ein wichtiger Beitrag zur Motivation.

Die Phantasie kümmert sich nicht um Tagesergebnisse. Sie denkt für Ziele, die in weiter Ferne liegen. Sie ist das Reservoir der Vision. Und gerade deshalb sollte man sich besonders auch mit jenen Menschen beschäftigen, für die man die Zukunft entwickelt, baut, produziert und die die Entscheidungen von morgen treffen: mit den Kindern.

Weiterführende Literatur

Carroll, Lewis: Alice im Wunderland. Frankfurt am Main 1989.

Garfield, Patricia: Kreativ träumen. München 1986.

Linneweh, Klaus: Kreatives Denken. Rheinzabern 1984.

Grassi, Ernesto: Die Macht der Phantasie. Zur Geschichte abendländischen Denkens. Frankfurt am Main 1984.

Harnisch, Günther: Meditieren mit Phantasie. Eine Anleitung zum Tag-Traum-Reisen. Freiburg 1987.

Spiele

Alles Geschehen in unserer Welt gleicht einem großen Spiel, in dem von vornherein nichts als die Regeln festliegen.

Manfred Eigen (Deutscher Nobelpreisträger)

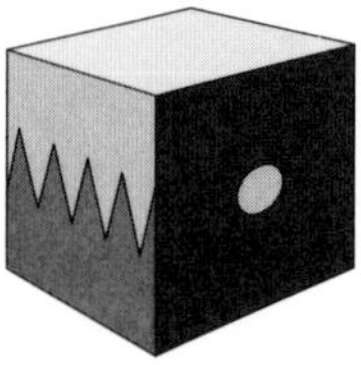

Holzspielzeug,
Beli Design

Können Sie Bauklötze staunen? Dann sind Sie hier richtig. Wir wollen Sie zwar nicht geradewegs zurück in den Sandkasten versetzen, aber in eine Phase, in der Sie fast ausschließlich einer einzigen Beschäftigung nachgegangen sind: dem Spiel. Spielend haben Sie gelernt, spielend haben Sie die Welt erfahren.

Haben wir ausgespielt?

In dem Augenblick, wo der Ernst des Lebens beginnt, darf nicht mehr gespielt werden. Wir lernen, uns ganz konkret mit einer einzigen Sache zu beschäftigen, sie so lange einzuhämmern, bis sie "sitzt".
An der Schwelle von der Kindheit zur Jugend liegt ein magischer Bann, und im Laufe der Reife verlernen wir um des Lernens willen zu spielen.
Dabei gibt es Kulturen, in denen das Spiel in all seinen Formen und Varianten ein wichtiger Bestandteil des Lebens ist, in denen bis ins hohe Alter gespielt wird, und das Spiel wesentlich mehr bedeutet als nur Zeitvertreib...
Das Spieltabu unserer westlichen Hemisphäre hat seinen Ursprung – wie so oft – in unserer christlichen Vergangenheit. Der Kirche und manchen weltlichen Gewalten paßte die Spielerei überhaupt nicht, und sie setzten das Spiel auf den Index der unsittlichen Taten. Der Grund dafür liegt in der Natur des Spielens selbst: Wer spielt, fordert das Schicksal heraus. Wer gewinnt, hat nicht nur das Schicksal überlistet,

sondern verliert auch langsam den Glauben daran. Durch Spielen erfährt man schließlich viel mehr über sich selbst, kann sich und seine Fähigkeiten immer besser einschätzen und andere Dinge viel besser vorauskalkulieren. Das Spiel macht autonom und fordert ständig eigenmächtige Entscheidungen.
Das konnte einer Institution, die auf den puren Schicksalsglauben und puristische Lehren ausgerichtet war, gar nicht recht sein. Denn schließlich sorgen diese "gottlosen" Spiele dafür, daß jeder Mensch seine Individualität aufbauen und mehr Selbstsicherheit gewinnen kann. Gefährlich, wenn man nicht mehr alles glauben kann und fürchten muß, was die Kirche vorschreibt.

Die Herrschaft der Kirche konnte sich bis heute durchsetzen. Noch immer hat Spielen in der abendländischen Kultur den Charakter des Verrufenen, Anzüglichen, Windhündigen. In Indien dagegen hat das Spiel elementaren Charakter. Allein die Freizeitindustrie hat es geschafft, ein bißchen Licht und Farbe in das schlechte Image der Spiele hineinzubringen – wovon Kinderspiele natürlich ausgenommen sind. Denn Kindern bleibt kaum eine andere Möglichkeit, als ihre Sicht- und Denkweise spielerisch zu entwickeln. Wenn der Mensch dann aufrecht geht und denken kann, ist es aus mit der Spielerei. Merke: Spielen ist gefährlich!

Aber jammern wir nicht über Vergangenes, sondern sehen wir zu, wie wir in Zukunft manche Schwierigkeiten spielend in den Griff bekommen. Jeder kann die Erfahrung bestätigen: Wer zum Beispiel etwas auswendig lernt, gerät häufig in einen Mechanismus des Einpaukens und Vergessens. Wer mit Liebe lernt, wird das Gelernte kaum vergessen, sondern immer mit Gefühl und Intensität bei der Sache sein.

Beim Spiel ist es ähnlich: Spielen ist zweckfreies Verhalten, ein freies Zusammenfinden innerhalb von Regeln. Wer im Spiel ist, akzeptiert die Regeln, aber nur, weil er auf ihrer Basis frei entscheiden kann, was er tun und lassen will. Dieses zweckfreie Verhalten finden wir im Alltag oder im Management eher selten an. Im Gegenteil: Man muß ein schlechtes Gewissen haben, wenn man "nicht mitspielt", sondern Tätigkeiten nachgeht, die nur einen indirekten Zweck verfolgen – beispielsweise, wenn man nachdenkt.

Ein Spielbuch für Manager haben wir unser Buch im Untertitel genannt. Ganz bewußt. Denn wir versuchen, Ihnen spielerisch ganz bestimmte Dinge klarzumachen, und möchten Sie anregen, neue Gedankengänge mit uns "durchzuspielen". Wir erzählen Ihnen Parabeln, zeigen Regeln und Regelmäßigkeiten auf. Sie können sich auf das Spiel einlassen, jederzeit aber auch aus dem Spiel aussteigen. Wir wollen nicht indoktrinieren, wir wollen nichts beweisen. Wir wollen, daß Sie spielen. Und wir wollen, daß Sie verstehen, wieviel Spielen mit Ihrer Position als Manager zu tun hat, ganz egal, ob Sie sich selbst oder auch andere managen.
Es steht viel auf dem Spiel – und in Wirklichkeit ist auch Managen nur eine Art Spiel. Wenn Sie Erfolgsmenschen anschauen, die viel riskieren, weil sie alles auf eine Karte setzen, wird dieser Gedanke klar. Denn das hat der "Winner" mit dem "Loser" nun einmal gemeinsam: Beide wissen, daß es sich um ein Spiel handelt, und sie investieren eine Menge. Wenn wir das nur einsehen und akzeptieren könnten, wären wir und die ganze Industrie wahrscheinlich ein entscheidendes Stück weiter. Spielen bedeutet auch Denken. Je öfter wir einen Gedanken durchspielen, desto perfekter werden wir, desto besser reagieren wir, wenn wir gefordert sind. Die meisten Spiele sind mit unserer Wirklichkeit sehr nahe verwandt. Im Grunde haben wir sogar oft Mühe, das

Spiel von der Realität zu trennen. Die besten Spiele sind diejenigen, welche am schärfsten auf reale Situationen ausgerichtet sind. Aber auch die Spiele aus der Vergangenheit entlarven die interessantesten Glaubens- und Denkformen der verschiedenen Kulturen. Kurzum:

Im Spiel simulieren wir die Realität

Wir spielen zwar nicht unmittelbar mit dem Feuer, aber wir simulieren vor allem die Dinge, mit denen wir Menschen unser Leben lang nicht fertig werden, die wir nie ganz in den Griff bekommen: den Tod und den Zufall. Wir reflektieren und studieren das Scheitern, den Erfolg, das Wagnis, die Strategie. Wir simulieren Situationen, in denen wir lebenswichtige Entscheidungen treffen müssen, unser Selbstbewußtsein, unser Wagnispotential und unsere vereinten Kräfte herausfordern, weil wir Gegner haben, weil wir uns behaupten müssen, weil wir nicht verlieren dürfen, sondern als "Sieger" hervorgehen wollen.

Viele Spiele sind von diesen Faktoren geprägt. Es gibt Spiele, bei denen der Intelligentere gewinnt, es gibt aber auch Spiele, die den Risikofreudigsten zum reichen Mann machen. Oder Spiele, bei denen alle gewinnen. Eines haben alle Spiele gemeinsam: Man kann davon Regeln ableiten. Wenn man die Regeln beherrscht und entsprechend kalkuliert, wird man schon beim nächsten Male besser sein. Diese Regeln entpuppen sich zu Konstanten unserer Entscheidungen, zur schnellen Berechnung von Aktion und Reaktion. Es ist nur ein Spiel, drum gib nicht zuviel.

Brot und Spiele!

Der Mensch lebt nicht vom Brot allein. Er muß auch seinen Spieltrieb befriedigen. Die Spiele, die im Laufe der Jahrhunderte entwickelt und überliefert wurden, sind Musterbeispiele dafür, wie unterschiedlich und vielschichtig der Begriff "Spiel" schon immer gewesen ist und wie eng er mit den Lebensbedingungen der jeweiligen Kulturkreise zusammenhängt. Einige Beispiele:
Denken wir nur einmal an die Spiele der Antike. Die Olympischen Spiele etwa waren eine Art Kriegstraining der Spartaner. Junge Männer rannten nackt um die Wette, und oft genug stritten sie sich dabei wie im wirklichen Krieg zu Tode.Oder nehmen wir das Orakel: Es war eine Art Mysterienspiel, bei dem vom Schwefel halbbetäubte Frauen mit der Zukunft und dem Unvermeidbaren spielten. Die Römer kannten ganz gemeine Spiele. Sie ließen beispielsweise zum Tode Verurteilte gegen Löwen kämpfen und hatten ihren Spaß dabei. Dann gab es auch noch die strategischen Spiele, die aus Schlachtplänen entstanden, um den Ablauf eines Kampfes so genau wie möglich studieren zu können.
Spannen wir jetzt den Bogen zu heute: Auch in der Musik ist das Spiel im Spiel. Wir "spielen" ein Instrument, wir simulieren akustische Phänomene, indem wir die Stimme oder ein Instrument führen und die Töne zu Kompositionen zusammensetzen. Ein "Spiel" nennen wir auch das, was sich auf Brettern abspielt, die die Welt bedeuten. Und bedeutsamerweise wird in vielen Dramen, Tragödien und Komödien auch nur das simuliert, was in der Realität vorkommt.
Wir können uns oft genug ein "Bei-Spiel" nehmen – auch, wenn es sich nicht um ein Lehrstück handelt. Menschliche Konflikte und Situationen werden nachgespielt, um sie für uns transparent zu machen. Wir erkennen Situationen und Gefühle besser und können sie qualifizierter beurteilen.

Brettspiele, Computerspiele, Wettspiele, Kartenspiele, Psychospiele, Kinderspiele, der Zufall wird eingekreist. Und es werden immer neue Spiele erfunden und ausgeklügelt, durch die wir Situationen besser einschätzen und uns selbst näher kennenlernen. Und manchmal steckt eine ganze Weltanschauung hinter solch einem harmlosen Spiel.

Ein schönes Beispiel für die Philosophie im Spiel ist ein Brett- und Würfelspiel, das hierzulande als "Mensch, ärgere dich nicht" bisweilen die Wohnzimmertische beherrscht. Es ist indischen Ursprungs und heißt "Pachisi".
Pachisi ist ein Paradigma des indischen Glaubens. Pachisi vereint ein strategisches Moment und ein kooperatives Moment. Die Strategie besteht darin, möglichst schnell weiterzukommen und nicht "hinauszufliegen". Andererseits kann man auch den anderen hinauswerfen oder ihm Hindernisse in den Weg stellen. Das kooperative Moment dieses Spiels liegt darin, daß man sich und den anderen auf den freien Feldern ("Sonntagen") eine Ruhepause gönnt. Schon der Spielverlauf ist ein Paradigma des indischen Glaubens: Man kommt aus der Mitte, man geht zurück in die Mitte. Die Mitte ist das Nirwana. Man ist keineswegs tot, sondern bekommt ein neues Leben. Die indische Religion beruht auf dem Glauben an die Wiedergeburt. Jeder Mensch hat vier Leben, und nach jedem "Tod" bekommt man ein neues Leben. Deshalb spielt man "Pachisi" nicht mit einem, sondern mit vier Steinen. Auch daß man sich auf einer kreuzförmigen Anlage bewegt, ist kein Zufall. Sie verkörpert die vier Himmelsrichtungen, die die Erde symbolisieren. Es geht also keineswegs darum, den anderen zu zerstören, sondern seine "Leben" so lange wie möglich auf dem Weg zu halten, bis man irgendwann an das ersehnte Ziel kommt. So viel Mythos kann im Spiel sein!

Während des Ersten Weltkriegs kam "Pachisi" nach Europa. Und wir hatten nichts Besseres zu tun, als es in ein Spiel zu verwandeln, das auf gegenseitiger Zerstörung beruht. Manager ärgere dich ...

Es gibt wunderbare kleine und kurze Spiele, die eine große Wirkung haben. Die meisten Gruppen, die unser Haus besuchen, haben große Berührungsängste, obwohl sie sich untereinander teilweise seit Jahren kennen und miteinander arbeiten. Nun stehen sie plötzlich ohne Ordner unterm Arm auf dem Weyerberg, mit stolzen 57 Metern über dem Meer die höchste Erhebung zwischen Flensburg und Osnabrück. Zur Einstimmung spielen wir dann erst einmal ein kleines ganz spontanes Spiel: Es heißt der "Gordische Knoten". Die ganze Mannschaft stellt sich zu einem Kreis zusammen, streckt die Hände in die Mitte und schließt ganz fest die Augen. Jeder muß sich blind nach einer anderen Hand umsehen und sie ergreifen. So entsteht in der Mitte natürlich ein wildes Gefummel.
Huch, wer könnte denn dieser stark behaarte Arm sein? Wenn schließlich jede Hand eine entsprechende gefunden hat, dürfen die Mitspieler wieder die Augen öffnen. Da herrscht ein großes Chaos. Nun müssen sich alle gemeinsam händeringend bemühen, diesen gordischen Knoten zu lösen und wieder einen Kreis bilden – ohne dabei die Hände loszulassen. Mit anderen Worten, der Abteilungsleiter muß irgendwie über die Schulter der Sekretärin steigen, während der Verwaltungsvorstand gerade mit dem Produktionschef händchenhaltend versucht, einen Plan zu machen. So wünscht man sich einen tobenden Vorstand! Anschließend – und dafür braucht man nur die rotbackigen, strahlenden Gesichter anzusehen – herrscht ein lockereres, entspanntes Miteinander.

Dieses Spiel "Knoten" ist natürlich auch nichts weiter als eine Simulation dessen, was man Zusammenarbeit nennt.

Noch eine Möglichkeit: Gerade in brenzligen Situationen (etwa bei Beginn einer schweren Konferenz) lohnt es sich, ein Spielchen zu wagen. Anstatt daß gleich zu Anfang Meinungen aufeinanderprallen und in kürzester Zeit die Köpfe rußen, spielt man sich "in das Thema hinein", beispielsweise mit dem Spiel "Ich-Wir-Alle" von Hajo Bücken und Marlies Winkelheide. Die Spieler werden in vier Gruppen eingeteilt. Jede Gruppe plaziert sich an einem der Tische, die jeweils in den Ecken des Raums aufgestellt sind. In der Raummitte steht ein weiterer Tisch als Konferenztreff. Die Gruppen erhalten Karten für die erste Runde, eine "Gruppenübereinstimmungskarte" und so viele "Abstimmungskarten", wie sich Spieler in einer Gruppe befinden. Für alle Spieler liegen Stifte bereit. Das Spielziel besteht nun darin, daß die Gruppe durch Gespräch und Abstimmung das beste Ergebnis erzielt. Das Thema ist zum Beispiel "Arbeitsplatz". Dazu sollen die Spieler alle Begriffe zum wünschenswertesten "Arbeitsplatz" sammeln. In jeder Runde werden die Karten zu je einem Untergebiet ausgewertet. In den Zwischenrunden werden die Gruppenergebnisse mit dem Gesamtergebnis verglichen und Punkte verteilt. Am Ende des Spiels kann dann sowohl die Gruppe als auch jeder einzelne Spieler seine Übereinstimmung mit dem Gesamtwunsch der Gruppe vergleichen. Und so weiß gleich jeder über den Maßstab und die Meinungen Bescheid, bevor es wirklich "ernst" wird.

Damit Sie direkt sehen, wie einfache Spiele ganze Denkmodelle umwerfen können, haben wir ein strategisches Spiel ausgesucht, das sich besonders empfiehlt, im Kollegenkreis oder gar mit Geschäftspartnern zu spielen.

Sie müssen uns jetzt aber vorab versprechen, daß Sie erst einmal nur die Spielanleitung studieren und dann das Spiel spielen, bevor Sie im Text weiterlesen – denn sonst ist der ganze Zauber vorbei. Der amerikanische Manager Peter W. Schutz demonstriert anhand dieses Spiels ganz konkret, wie man erfolgreich sein kann, wenn man in neuen Kategorien denkt. Eine elementare Einsicht in effiziente Wirtschaftlichkeit ist Ihnen sicher.

Sie teilen sich in vier Gruppen: 1, 2, 3, 4. Eins spielt gegen zwei, drei spielt gegen vier. Jedes Team ist ein Entscheiderkomitee. Es geht darum, mit Ihrem Gegenüber eine geschäftliche Verhandlung zu führen. Die Verhandlung beruht auf einem denkbar simplen System. In der Gruppe einigen Sie sich über den Wert, den Sie Ihrem Verhandlungspartner nach einstimmigem Entschluß vorschlagen. Die eine Gruppe kann wahlweise A oder B, die andere Gruppe X oder Y vorschlagen. Dann kündigen Sie Ihren Geschäftspartnern an, zu welcher Einigung Sie gekommen sind. Sie halten die Karte hoch, auf der der untereinander vereinbarte Buchstabe steht. Sie können der anderen Gruppe sogar ankündigen, welchen der zwei Buchstaben Sie ins Spiel bringen wollen. Je nach Kombination kann man dann anhand der Tabelle sehen, ob man Punkte gewonnen oder verloren hat. Die andere Gruppe zückt gleichzeitig ihre Karte, und das Ergebnis wird notiert. Je nachdem, wie der Partner reagiert, haben Sie Gewinn oder Verlust gemacht. Sie spielen zehn Runden. Im Anschluß wird die Summe addiert, und das beste Team hat gewonnen.

Und so lauten die aktuellen Wertezahlen:

	Ihre Gruppe	*Die andere Gruppe*
AY	–10	+10
BY	–10	–10
BX	+10	–10
AX	+ 7	+ 7

Nach der fünften Runde sind Sie "die andere Gruppe" und richten sich nach dem neuen Zählwert.
Spielen Sie die "Verhandlung" zehnmal durch, bevor Sie weiterlesen. Notieren Sie die Ergebnisse nach jeder Verhandlungsrunde.

Viel Spaß!

Was nun folgt, sind Mutmaßungen. Trotzdem sind wir uns unserer Sache relativ sicher: Sie haben mit großer Wahrscheinlichkeit hoch gewonnen oder hoch verloren. Bei den vielen Seminaren, in denen wir dieses Spiel als "Einheizer" gespielt haben, war das Ergebnis jedenfalls fast immer so. Der Grund dafür liegt auf der Hand: Sie haben hoch gepokert, vielleicht sogar die andere Partei betrogen, indem Sie eine falsche Strategie angekündigt haben – um den größten Vorteil zu haben. Sie wollten die gegnerische Partei "ausschalten".

Oder haben Sie sich etwa mit Ihrem Gegenüberteam auf die Kombination "AX" geeinigt? Wir gratulieren! Sie sind vielleicht nicht die Allerbesten, aber Sie haben auf jeden Fall Gewinn gemacht.

Der springende Punkt der Geschichte: Wer nach dem Prinzip des Ausschaltens spielt, geht ein hohes Risiko ein und läuft Gefahr zu verlieren. Wer es schafft, mit seinem Partner ein Vertrauensverhältnis einzugehen, hat die "AX"-Lösung bevorzugt, und beide Parteien haben gewonnen. Dieses Spiel zeigt unbarmherzig, wie beschränkt man in seinem abendländischen Denkschema sein kann: Man glaubt, daß es nur Gewinner und Verlierer geben kann. Und dieser Irrglaube beflügelt einen in der Annahme, daß man nur gewinnen kann, indem man andere "vernichtet". Ist das denn nötig?

Peter W. Schutz erzählt: "Das Kuriosum besteht darin, daß die westlichen Manager immer das Risiko eingehen zu verlieren und dem anderen schaden wollen. Die fernöstlichen Manager dagegen gehen grundsätzlich nur den "AX"-Weg. So haben sie die Gewißheit zu gewinnen, und der Partner gewinnt ebenfalls. Warum in dieser Tatsache ein Übel stecken sollte, leuchtet ihnen überhaupt nicht ein. Und damit haben sie recht."

Das Spiel bringt es an den Tag: Unsere Denksphären bewegen sich in relativ

bescheidenen Kategorien.
Wir glauben immer, andere kaputtmachen zu müssen.
Warum dürfen andere nicht gewinnen?
Was geht bloß in uns vor?
Unsere neurotische Win-or-lose-Attitüde bringt uns um so manches sichere Geschäft.
Ein kleines Spielchen hat uns eines Besseren belehrt: "win/win" ist angesagt!

New Games – Die neue Spielgeneration

"New Games" erzeugen ein völlig neues Spielerverhalten: Alle Spieler ziehen an einem Strang, sie können *nur* gemeinsam gewinnen. "New Games" fördern die Kooperation, die Mitspieler kämpfen nicht gegeneinander, sondern miteinander.

Sie sind auch der Inbegriff für eine neue Managergeneration, bei der es nicht mehr heißt "gewinn oder stirb", sondern "gewinne, wenn andere gewinnen!". Es gibt keinen alleinigen Sieger mehr. Es gibt nur eine Mannschaft, die gemeinsam gewinnt oder verliert. Jeder ist im Spiele.
Die "New Games" sind keineswegs langweilig. Da wäre zum Beispiel das Spiel

"Sauerbaum"

Sauerbaum ist ein faszinierendes kooperatives Umweltspiel. Ein Baum ist vom sauren Regen bedroht, und Sie müssen gemeinsam versuchen, die Regentropfen aus dem Baum zu holen, bevor sie die Wurzeln erreichen. Böse dunkle Wolken kündigen das drohende Unheil an, und Sie kämpfen mit vereinten Kräften gegen die tödliche Tropfenmenge. Das einzige, was Sie gegen die Tropfen unternehmen können, ist entweder ihren Weg nach unten zu stoppen oder sie einzusammeln. Andererseits stehen Sie ganz schön im Regen, wenn Sie plötzlich von den Regentropfen eingekesselt sind. Dann müssen Ihre Mitspieler schnell zu Hilfe eilen. Es hat auch keinen Zweck, wenn Sie versuchen, sich weit in die Regenfront vorzuwagen, denn unter Umständen verursachen Sie nur einen erneuten Regenguß. Wenn der Baum vom Regen vollkommen befreit werden kann, haben alle Spieler gewonnen. Gespielt wird auf jeden Fall bis zum letzten Tropfen. Wenn der Regen jedoch die Übermacht gewinnt, hat er gewonnen, und alles ist sauer. Was hier auf einem baumförmigen Spielplan seinen Niederschlag findet, ist keineswegs nur Öko-Ideologie, sondern das Prinzip Verantwortung und Kooperation: Wir würfeln um unsere Zukunft.

"Licht und Schatten"

Ein kooperatives Spiel, das man schon mit Kindern spielen kann. "Licht und Schatten" ist ein Ausflug in das Reich der Phantasie. Die Königin des Lichts hatte einst einen Traum, und eine innere Stimme befahl ihr, ihre Lichterkette zu zerreißen. Diese Stimme war der böse Schatten, und er ist der erklärte Feind des Spiels. Die Königin muß nun einmal ihr Land durchstreifen, das vom Schatten beherrscht wird. Sie ist auf Ihre Hilfe angewiesen, denn im Laufe des Spiels müssen acht schwierige Aufgaben gelöst werden, damit die Wahrheit wieder ans Licht kommt. Erreicht die Königin das Ziel, haben alle Spieler gewonnen. Man kann untereinander die Würfel austauschen, Ratschläge geben und einen Plan machen. Der einzige, der da nicht mitspielt, ist natürlich der Schatten, dem das Ganze nicht paßt, weil man seine schönen Schattenfelder in Lichtfelder umwandelt. Genausogut kann das einstige Sonnenland in der

Finsternis versinken. Also: Seien Sie so nett und helfen Sie der Königin, damit das Reich vom Schatten befreit wird und sich wieder lichtet!

"Palaver"

Es ist mal wieder soweit: Die alljährliche Indianerkonferenz findet statt. Dieses Jahr wollen Sie auch einmal etwas zu melden haben. Sie suchen sich deshalb nicht nur den prachtvollsten Kopfschmuck aus, sondern bemühen sich mit Kräften um den besten Platz in der "Palaver"-Runde. Und das ist gar nicht so einfach. Sie haben zwar Temposteine zur Verfügung, die Ihr Vorrücken beschleunigen können – Kollege Schmidt von den Sioux jedoch auch. Und auch wenn Sie sich ganz latent untereinander rangeln, müssen Sie sich miteinander absprechen – jedoch nicht verbal, sondern durch Ihre Spielzüge. Einmal geben Sie dem anderen den Weg frei, um selber zum Zuge zu kommen. Und ein anderes Mal räumt auch er Ihnen einen Vorzug ein. Diese "stille Koalition" erspielt sich nach dem Prinzip des großen Indianer-Ehrenwortes. Der einzige, der dabei sprechen darf, ist Manitou. Und Manitou hat gesprochen, wenn alle "Palaver"-Plätze eingenommen sind. Hugh!

"AxxA"

Aus dem Reisebericht von M. U.:

"... gab man mir ein Spiel mit, dessen Namen wir wohl mit "Ganzdreieck" übersetzen würden. Es kennt keinen Würfel – und es kennt kein Gegeneinander. Man sitzt im Kreis zusammen und versucht, aus vielen kleinen Einheiten von unterschiedlich zahlreichen Dreiecken ein Ganzes zu schaffen. Gelingt dies, können sich die kleinen Stümpfe vor Freude kaum noch halten!"

"Da schwirren also um die Beteigeuze drei Planeten herum, und du hast ständig Angst, daß sich ihre Umlaufbahnen verheddern und sie mit einem großen Knall zusammenstoßen. Aber nein, Mutter Beteigeuze sorgt mit ihrer ständig wechselnden Anziehungskraft dafür, daß alles glattgeht ..."

"... nennt sich der kleinste AxxA. Immerhin ist er noch ein Drittel so groß wie unsere alte Erde. AxxA ist von freundlich intelligenten Lebewesen bevölkert, die, etwa einen Meter hoch und breit, ein wenig wie Baumstümpfe ausschauen ..."

AxxA ist ein galaktisches Spiel, das erst kürzlich für die Bewohner des Planeten Erde patentiert wurde. Statt Würfel zeigen die Unterseiten der Spielsteine die Anzahl der Züge und die Zuordnung. Wenn Sie alle "Drillinge" mit der jeweils gleichen Anzahl von Dreiecken auf die Reihe bekommen wollen, können Sie gemeinsam vor Freude im Dreieck springen. Aber bis dorthin ist es ein langer, unterhaltsamer Weg ...

"Mimürfel"

sind Würfel, auf deren sechs Seiten unterschiedliche Mimiken dargestellt sind. Sie bilden somit eine interessante Variante zum eintönigen numerischen Würfelsystem. Da gibt es den Lächler, den Strahlemann, den Normalen, den Stauner, den Sauren und den Wüterich. Mit den Mimürfeln kann man eine ganze Menge Spiele veranstalten, das Interessanteste davon ist vermutlich

"Talkshow"

Die Gruppe versucht, jeden einzelnen möglichst genau einzuschätzen. Jeder hat einen Mimürfel. Es wird ein Thema vorgeschlagen, etwa "Essen", "Reisen" oder "Comicfiguren". Jedes Thema ist möglich. Zu diesem Thema nennt einer fünf Dinge, zum Thema "Beruf" zum Beispiel "Krankfeiern", "Nachtschicht", "Vorgesetzter", "Bruttolohn" und "Maloche". Holla, dieser Mensch hat aber eine ziemlich kuriose Einstellung zur Arbeit! Haben wir ihn richtig eingeschätzt? Jeder hat für sich fünf Begriffe notiert, die seiner Meinung nach zum jeweiligen Thema passen. Verdeckt zu jedem Begriff legen sie eine andere Mimik. Dann wird aufgedeckt und verglichen. Wenn jeder einmal "dran" war, kommt man erst so richtig in Fahrt und möchte mehr über den anderen erfahren. Und die Palette der Assoziationen ist unbegrenzt, von Themen wie "Gehaltsvorstellungen" oder "Karriereziele" einmal abgesehen!

Die Liste der "New Games" ist schier unerschöpflich. Wer einmal eines mitgespielt hat, kann geradezu in einen neuen "Spieltrieb" verfallen. Und dabei wird man auch feststellen, wieviel diese Spiele mit der Realität zu tun haben – im Grunde sind sie Realität. Es kommt nur darauf an, wann Sie zum Zuge kommen.

Das Spiel "Sauerbaum" stammt von Johannes Tranelis, Copyright Herder-Spiele, Freiburg, Basel, Wien.
Das Spiel "Licht und Schatten" stammt von Klaus Teuber, Copyright Herder-Spiele, Freiburg, Basel, Wien.

Die Spiele "Ich-Wir-Alle", "Talkshow", "Palaver", "AxxA" sowie die "Mimürfel" kommen von der Arbeitsstelle für Neues Spielen in Bremen, Copyright Hajo Bücken. Alle Spiele sowie weitere "Spiele ohne Konkurrenz" sind zu beziehen über:

Arbeitsstelle für Neues Spielen
Hajo Bücken
Am Dobben 109
2800 Bremen
Telefon 0421/70 32 32

Wir danken Herrn Bücken für seine freundliche Unterstützung.

Weiterführende Literatur

Eigen, Manfred/Winkler, Ruthild: Das Spiel. Naturgesetze steuern den Zufall. München ^{2}1987.

Fluegelmann, Andrew/Tembeck, Shoshana: New Games.
Die neuen Spiele. Prien ^{13}1988.

Grunfeld, Frederik/Oker, Eugen: Spiele der Welt. Geschichte, Spielen, Selbermachen (2 Bde). Frankfurt am Main 1984.

Phänomene

Es darf nicht sein,
was nicht sein darf.

Wilhelm Busch

Seminarzentrum Etora
auf Lanzarote

Die Wissenschaft hat festgestellt...

Daß die Wissenschaft nicht immer recht hat, zeigt der Lauf der Zeit. Unser Bild von der Welt bestimmt immer unser Leben und umgekehrt. Der Wahrheitsanspruch der Wissenschaft kann daher schon allein durch die Tatsache, daß die Weltbilder ständig im Wandel begriffen sind, nicht aufrecht erhalten werden. Ein jeder kennt den Konflikt des Galilei, dessen heliozentrisches Weltbild den gesamten Weltglauben ins Wackeln brachte. Die griechische Lehre vom Kosmos, die Welt als runde Scheibe, das ptolemäische, das geozentrische und das heliozentrische Weltbild – sie alle gaben sich im Laufe der Jahrtausende die Klinke in die Hand, und nach ihren Wahrheiten wurde gelebt, gedacht und gestorben.

Die Wissenschaft hat es schon immer verstanden, sich einen passenden Weg zu ihrer Theorie zu bahnen, indem sie Gesetze aufstellt und dabei Tatsachen verdrängt. Was nicht berechenbar ist, fällt unter den Tisch. Was entdeckt wird, ist schon längst da – sei es das geistige Konstrukt "gleichschenkliges Dreieck" oder der krumme Wert "Pi". Es ist nur eine Frage der Zeit, bis man über die eine oder andere Tatsache stolpert und aus ihr wieder eine Ideologie formuliert, nach der dann die Fahnen wehen.

Es sind Tatsachenwissenschaften. Sie rekrutieren sich aus den empirisch-logischen Vollzügen, die mittels Experiment oder Berechnung realisiert werden. Nicht selten wird

dabei nur auf ein gewünschtes Resultat "hingerechnet", was natürlich für uns sterbliche Nichtgenies niemals nachvollziehbar bleibt. Gerade die neopositivistische Strömung, die Anfang unseres Jahrhunderts aus dem "Wiener Kreis" entstand und sich besonders in den USA breitmachte, prägt unsere heutige Einstellung zur Wissenschaft: Nimm's leicht, nimm's relativ. Anders hätte ein Computer gar nicht erfunden werden können. Mit der Suche nach Wahrheitswerten hat das natürlich nichts mehr zu tun.

Wir haben ein ganz anderes Problem. Wir können auch ohne endgültige Wahrheiten schön in den Tag hinein leben, aber nur unter der Voraussetzung, daß wir uns ganz fest an die Tatsachenwissenschaften halten und uns auf sie verlassen.
Bedingung dafür ist die uneingeschränkte Ratio, denn nur die Vernunft ist – im Gegensatz zum Gefühl – berechenbar. Es wird also nichts passieren, außer daß wir unsere Intuition, Phantasie und Imagination möglichst schnell verfallen lassen, um uns nur den "ernsten" Dingen zu widmen. Jeder Mensch wird im Laufe seines Lebens selbst feststellen können, wie viele Theorien und Ideologien geglaubt wurden und im Laufe der Zeit wieder verschwunden sind. Aus Experimenten entstehen Tatsachen und Systeme, die eine Zeitlang Bestand haben, bis sich ihr Wahrheitswert stabilisiert und dann langsam in der Versenkung verschwindet. In diesen Zeitabständen will jeder sich das Recht erheischen, recht zu haben. Was die Wissenschaft feststellt, was in jeder populärwissenschaftlichen Gazette steht und mit einem Doktortitel versehen ist, das muß auch unbedingten Wahrheitsgehalt haben. Und immer müssen wir uns selbst dabei ins Spiel bringen. Nichts kann man so lassen, wie es ist, alles muß begriffen, besetzt und manipuliert werden. So entstehen Atombomben und Rasenmäher.

Bis vor kurzem glaubten die Menschen an Wunder – etwa bis vor zweihundert Jahren. Damals war die Wissenschaft noch nicht soweit, für alles Erklärungen und Gesetzmäßigkeiten zu finden. Der Mythos blühte, und sowohl meteorologische als auch physikalische Phänomene wurden bestimmten Gottheiten zugeschrieben. Seit der Trennung von Wissenschaften und Philosophie in den Universitäten können die Wissenschaften frei schalten und walten. Was nicht erklärbar ist, ist unheimlich. Nach dem Prinzip "Glaube, Liebe, Hoffnung" müssen wir leben, weil wir vor unerklärlichen Dingen Angst haben und uns auf nichts verlassen können, außer auf unser Schicksal. Dem "Unheimlichen" ist dieses Kapitel gewidmet.

Gibt es noch "Umheimlichkeiten" in unserer Welt? Wir sagen ja! Und warum werden sie in einem Buch über Kreativität vorgestellt? Weil wir meistens das Unheimliche nicht mehr als unheimlich akzeptieren, sondern lieber verdrängen. Das macht uns gleichzeitig bis auf weiteres unfähig, Irrationales aufzunehmen, und somit sind unsere intuitiven Kanäle verstopft. Wir sind Phänomenen gegenüber verschlossen, wir verdrängen alles, was nicht wissenschaftlich erklärt werden kann. Vor lauter Bildung schwindet unsere Einbildung, und das ganze Potential unserer Vorstellungskraft wird zwischen den Schulbüchern zerdrückt. Leben ist schließlich eine ernste Sache, was sollen wir da mit diesem unnützen Quatsch?
Doch da, wie gesagt, auch die tollsten "Wahrheitsfindungen" sich eines Tages als Trugschluß erweisen können, müssen wir stündlich damit rechnen, daß auch dieses Weltbild wieder zusammenklappt. Und das gibt uns das Recht, auch einmal andere Phänomene als die üblicherweise servierten durchzuspielen.
Wenn hochtechnologische Errungenschaften vom Himmel fallen, fallen wir gelegentlich noch vom Glauben ab. Das Praktizieren positivistischer Erkenntnisse ist jedoch auch nichts Weiteres als ein Glaube, nach dem wir handeln.

So kommt es, daß wir auch an Unternehmungen glauben, Pläne schmieden, die Zeit berechnen, und plötzlich stürzt alles wieder wie ein Kartenhaus zusammen.

Wirtschaftliche Unternehmungen beruhen nicht auf Wissenschaften, sondern auf Kalkül. Die Wirtschaft beruht auf der Gesellschaft, und eine Gesellschaft ist nur sehr kurzfristig kalkulierbar. Unsere Haltung der Wirtschaft gegenüber ist jedoch eine positive, optimistische: Es wird schon so laufen, es muß einfach klappen.

Noch nie waren die globalen gesellschaftlichen Ereignisse so chaotisch und unberechenbar. Um so wichtiger ist es, seine Kreativität zu entwickeln. Die okönomische Entwicklung ist kein langer ruhiger Fluß, sondern ein Turbulenzfeld in hohen Lüften. Wer da unbekümmert den Schaukelstuhl besteigt, kann leicht herausfallen. Anschnallen und festhalten, wir erreichen das Territorium der Phänomene!

Phänomene sind Dinge, die wir ausnahmsweise nicht beeinflussen können, weil sie nicht erklärbar sind. Sie sind überall zu finden, außer im Fernsehen. Die Dinge zwischen Himmel und Erde, die "sich an sich selbst" zeigen, sind weder greifbar noch begreifbar. Wir wollen uns hier auf sie einlassen. Wir sprechen von einem vollkommen vulgären Phänomenbegriff. Nicht, um Ihnen aus populärwissenschaftlicher Sicht zu beweisen, daß diese Phänomene stimmen, sondern um Ihnen zu zeigen, daß man auch eine andere Haltung einnehmen kann als die des Kaiser Wilhelm: aufrecht und geradeaus. Schauen Sie in ein Panoptikum des Merkwürdigen, und Sie werden feststellen, daß man vielleicht nicht alles durch die ernste Brille sehen muß. Nur wer nach wie vor unerklärbare Dinge akzeptieren kann, ist fähig, Vorstellungen, Ideen und Visionen zu entwickeln – denn sonst hadert er nur mit Dingen herum, die es schon längst gibt!

Fernöstliches Denken ist in der Lage, Phänomene zu erkennen und sie anzuwenden. Der abendländische Mensch forscht erst einmal zehn Jahre am Wahrheitsgehalt herum, um das Phänomen zu ergründen – bis er merkt, daß er es nie schaffen wird. Das ist der kleine Unterschied. Und deswegen beginnt auch jede anständige deutsche Doktorarbeit mit dem schwerwiegenden Satz: "Diese Arbeit ist keineswegs imstande, das ganze Feld dieses Aspektes der Soundso-Wissenschaft abzudecken und bleibt daher unvollständig. Trotzdem will ich versuchen,..."

Der Europäer ist von Haus aus Tragiker und mehr auf das Kleinkarierte, Unerfüllbare aus, anstatt zu versuchen, das Ganze aus einer globalen Perspektive zu betrachten. Aber das ist eine andere Geschichte.

Wir erzählen Ihnen zwei Geschichten, die Sie glauben können oder nicht. Aber versuchen Sie wenigstens für den Zeitraum, in dem Sie sich damit beschäftigen, das Phänomen zu akzeptieren. Dann merken Sie, wieviel Spaß es machen kann, sich einmal mit Dingen auseinanderzusetzen, die nicht ohne weiteres durchsichtig sind.

Wehe wenn Sie loslassen...

Wenn wir uns in Richtung Phänomene in die Lüfte schwingen, müssen wir uns fallenlassen. Phänomene sind eben nicht begreifbar, sondern erlebbar. Wie gesagt: Uns geht es nicht darum, deren Wahrheit zu beweisen. Sondern darum, daß Sie sich beweisen, wieweit Sie noch in der Lage sind, Dinge zu akzeptieren, die jenseits des

rationellen Vollzuges liegen. Wer diesen Sprung schafft, kann sich auch andere Dinge vorstellen und zu Visionen emporhechten, die von der Phantasie beflügelt und vom Glauben daran genährt werden.
Unser Phänomenevortrag ist seit jeher eine beliebte Feierabendunterhaltung im Kreativen Haus. Was wir dort demonstrieren, ist in etwa zweitausend Durchgängen noch nie schiefgegangen und hat selbst die größten Skeptiker bisweilen in Unruhe versetzt.

Vergessen Sie alles, was auf Ihrer Erfahrung beruht. Springen Sie in das kalte Wasser des Unerklärlichen!

Pyramidal!

Phänomen Nr. 1: Die Pyramide

Vielleicht ist der große Brand in der Bibliothek von Alexandria schuld daran, daß wir uns das Phänomen Pyramide nicht erklären können. Man weiß weder wie alt die Pyramiden genau sind noch wie es überhaupt vor schätzungsweise 5000 Jahren möglich war, solch große Steine zu bewegen und aufeinanderzutürmen. Ob der Fluch der Pharaonen nun wirklich zugeschlagen hat, sei einmal dahingestellt. Wahrscheinlich verfügten die Ägypter über eine höhere Kultur oder einen mindestens gleich hohen Wissensschatz wie wir heute. Die Pyramiden bergen nicht nur große Geheimnisse, sondern auch menschliche Körper, die sich über Jahrtausende erstaunlich gut gehalten haben – während von uns nach ein paar Jahrzehnten nichts Materielles mehr übrig ist.

Was wir heute im nachhinein feststellen können, sind unglaubliche Tatsachen: Alle Pyramiden sind parallel ausgerichtet und stehen exakt auf der Nord-Süd-Achse. Teilt man den Erdumfang (40 075 180 m) durch die Sekunden eines Tages (43 200), so erhält man den Wert 927, 662 m. Dies ist der exakte Umfang der Cheops-Pyramide. Die genannten Daten stammen von dem Schweizer Hans Cousto, den wir als Gastredner im Kreativen Haus hatten.

Durch die moderne "Pyramidenforschung" werden Dinge möglich, die nicht einmal die moderne Wissenschaft und Technik verstehen. Wie die Pyramide zu nutzen ist, darauf verstehen wir uns natürlich wieder bestens.
Wir führen unseren Gästen ein Experiment vor, das noch nie fehlgeschlagen ist. Wir nehmen eine kleine Holzpyramide und sammeln von den Gästen ein paar Zigaretten ein. Wir legen sie in die Pyramide und richten sie nach Süden aus. Nach zwanzig Minuten ist Zigarettenpause: Die Teilnehmer dürfen ihre Pyramidenzigarette rauchen. Doch der Genuß ist minimal: Auf die Frage, ob es denn schmecke, bekommen wir die Antwort, die Zigarette schmecke wesentlich stärker als gewöhnlich und kratze im Hals. Kein Wunder (oder doch?) – sie ist binnen kürzester Zeit in der Pyramide ausgetrocknet.

Eine Pyramide hat die nicht erklärbare Eigenart, alle synthetischen Aromastoffe herauszuziehen und alle natürlichen Ingredienzen zu verstärken.
Die magischen Eigenschaften der Pyramide lassen sich auch bei anderen Gegenständen nachweisen: Wenn Sie Rasierklingen sparen wollen, kaufen Sie sich eine Pyramide. Dann brauchen Sie nur noch eine einzige Klinge. Wenn Sie die Rasierklinge in Ihre neue Badezimmerkatakombe legen, wird sie über Nacht wieder scharf. Sie können sich nach diesem Prinzip zweihundert Tage lang mit der gleichen Klinge rasieren.

"Eine Rose ist eine Rose, ist eine Rose." Das berühmte Gertrude-Stein-Zitat bewährt sich besonders, wenn man eine Rose in eine Pyramide legt. Die Rose trocknet natürlich aus, aber sie behält ihren Duft und ihre Farbe auf ewige Zeiten. Petersilie bleibt grün und aromatisch, Weintrauben verfaulen nicht, sondern werden zu Rosinen – wesentlich schneller als in einem normalen Trocknungsprozeß.
Wenn man Fleisch lange Zeit an der Luft liegen hat, verschimmelt es. Nicht so in der Pyramide: Es mumifiziert, indem es austrocknet und sich zusammenzieht.

Es wäre natürlich gelacht, wenn sich so manche Branche daraus nicht einen Vorteil verschafft hätte. Es gibt zum Beispiel französische Weinbauern, die ihre Gärspeicher in Pyramidenform angelegt haben, so daß der Wein wesentlich schneller reift. Oder ein Apotheker kam auf die Idee, in einer Pyramide Kräuter zu lagern und zu trocknen, und hat durch dieses Verfahren bessere Umsätze gemacht.

Und auch manch einer unserer Gäste weiß dieses Phänomen zu nutzen. Ein Parfümhersteller, der mit einem Duftberater zu Gast war, experimentierte nach unserem Vortrag mit der Idee der Pyramide herum. Und da sie ohnehin gerade nach einer Idee für ein neues Parfüm mit einem neuen Flacon suchten, kam ihnen die Pyramide gerade recht. Wir schlugen vor, parfümierte Kosmetika in eine Pyramide zu verpacken. Der Sinn: Aktivierung der Aromastoffe. Es gab nur ein kleines Problem: Die Mitlieferung eines Kompasses zur exakten Ausrichtung wäre ein wenig zu teuer geworden. Geblieben ist immerhin die pyramidale Verpackung, die heute als Herren-Parfüm der Firma Joop erfolgreich verkauft wird.

Andere Zuhörer unseres Vortrags haben direkt Nägel mit Köpfen gemacht. Wenn man die Grundregeln für den Umgang mit einer "Handpyramide" beachtet, ist ein nachhaltiger Erfolg nicht ausgeschlossen. Die Maße einer kleinen Pyramide sind wie folgt: Über einer quadratischen Grundfläche (16 x 16 cm) laufen die vier Seitenflächen (15,2 cm) in einer Spitze zusammen.

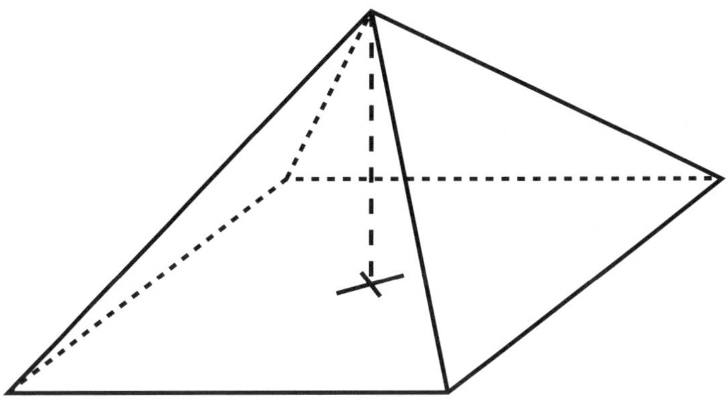

Benutzen Sie für die Herstellung der Handpyramide auf keinen Fall Mischmaterialien wie zum Beispiel Preßspan oder Sperrholz. Richten Sie den Standort der Pyramide mit einem guten Kompaß genau auf die Nord-Süd-Achse aus. Auf Betonboden, Fußbodenheizung, Erdstrahlen und in der Nähe starker elektrischer Geräte funktionieren die magischen Kräfte nicht. Sie können die Prozesse in der Pyramide beschleunigen, indem Sie die Objekte (zum Beispiel die Rasierklinge) etwas höher anbringen, etwa im ersten unteren Drittel der Pyramide, also folgendermaßen:

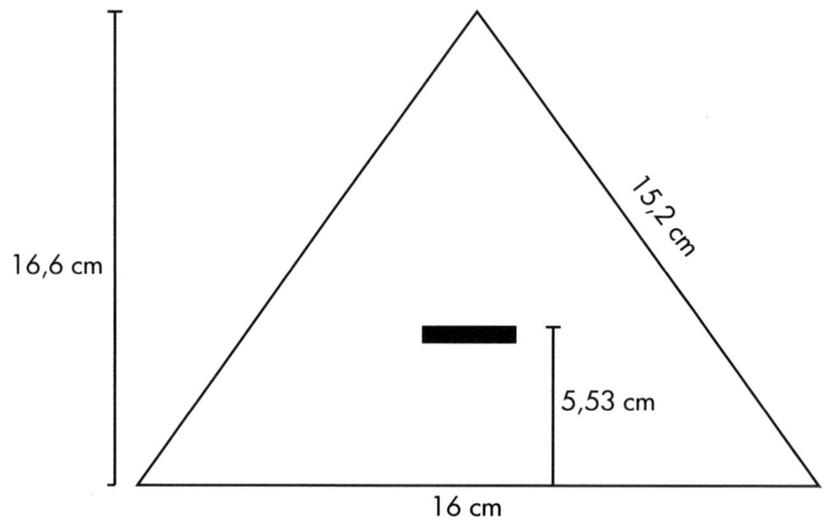

Bauen Sie sich eine Pyramide! Auf diese Weise wird vielleicht nicht nur Ihr Hobbykeller mal wieder genutzt, sondern Sie beschäftigen sich auch mit Dingen, die nicht erklärbar, aber nutzvoll sind. Schreiben Sie uns, welche Erfahrungen Sie mit Ihrer Pyramide gemacht haben.

Energetisch!

Phänomen Nr. 2: Die Magie der unsichtbaren Energie

"Der Körper lügt nicht": So der Titel eines Buches von John Diamond über ein Phänomen, das in uns selbst steckt. Der Autor konnte nachweisen, wie man an den Muskelreaktionen des Körpers erkennen kann, ob sich Dinge des täglichen Lebens auf uns positiv oder negativ auswirken.

Die Thymusdrüse überwacht und kontrolliert die Energieströme unseres Körpers. Sie ist ein Organ, das sich in der Mitte der Brust, genau hinter dem oberen Teil des Brustbeines, befindet. Allein durch tägliches Klopfen auf diese Stelle aktiviert man die Drüse. Die Thymusdrüse steuert unser Streßverhalten, unsere Nahrungsaufnahme, unser soziales Empfinden und unsere psychische Verfassung.
Das Wort "Thymus" stammt aus dem Griechischen und bedeutet soviel wie "Lebenskraft, Seele, Gefühl, Sensibilität".
In unseren Seminaren herrscht oftmals große Heiterkeit, wenn wir einige Versuche an lebenden Objekten durchführen. So mancher hartgesottene Skeptiker kommt ins Schleudern, spätestens wenn er selbst an der Reihe ist. Sie können die folgenden Tests auch selbst durchführen, zum Beispiel, wenn Sie jemandem demonstrieren wollen, ob

dieses oder jenes Medikament in seiner momentanen psychophysischen Situation geeignet ist oder nicht. Es muß allerdings immer ein Blindtest sein. Zuschauer, die bereits Bescheid wissen, dürfen nicht versuchen, den Probanden von seiner Unvoreingenommenheit "auf den Pfad der Tugend" zu lenken.
Sie verpacken ein Medikament, legen es in die Hand des Probanden und legen Ihre eigene Hand auf dessen ausgestreckten Arm. Dann drücken Sie den Arm gleichmäßig (niemals ruckartig) nach unten, während Ihr Gegenüber versucht, den Arm waagrecht zu halten. Wenn der Arm des Probanden Widerstand leisten kann, können Sie davon ausgehen, daß das Medikament nützlich sein wird. Achtung: Probieren Sie den Versuch nicht unter Neonlicht, denn dort manipulieren die Strahlen die Thymusdrüse.

Unglaublich, aber wahr – so einfach läßt sich überprüfen, ob ein Gegenstand Kraft verleiht oder nicht. Denselben Test können Sie auch mit Weißmehl oder Zucker durchführen – dann leistet der Arm kaum noch Widerstand. Bei Honig oder Vollkornbrot spürt man wieder Power im Arm!

Suchen Sie sich eine Person mit Metallbrille aus. Führen Sie den Test einmal mit und einmal ohne Brille durch. Mit Brille läßt die Kraft nach, vermutlich, weil das Metall Energien aufnimmt. Vielleicht kommt es sogar zu einem Kurzschluß!

Oder probieren Sie das Experiment einmal an einer Person aus, die eine Digitalquarzuhr trägt. Mit dieser Uhr wird sie unter Ihrem Druck ganz schwach, ohne sie ist sie Ihnen gewachsen. Wahrscheinlich ist der Energieabfall zunächst so stark, daß der Herzrhythmus dabei verändert wird. Daher auch das große Geheimnis, warum Sie beim EKG die Uhr ablegen müssen!

Oder zeigen Sie der Testperson dieses Bild:

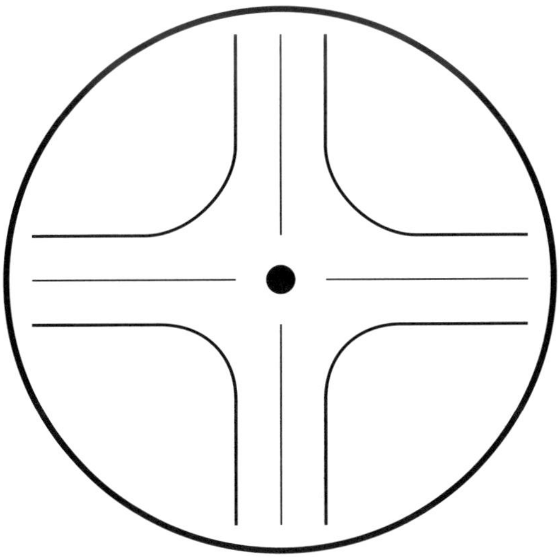

Führen Sie den Test durch. Die Testperson hält Ihnen stand. Jetzt zeigen Sie ihr das Bild von zwei senkrechten Linien, und Ihr Partner geht in die Knie. Senkrechte Linien geben der Wahrnehmung keinen Halt. Das obere Bild ist ein indisches Mandala, das Zeichen von Kraft. Durch die Fixierung auf den Punkt kann Ihr Partner Energien sammeln.

Ein Trick, den sich so mancher Fußballtorwart schon angeeignet hat, ist die "Rudertechnik". Gehen Sie auf eine Person zu und rudern Sie dabei mit Ihren Armen völlig unkoordiniert in der Luft herum. Ist der Arm des Partners dem Druck gewachsen? Wahrscheinlich nicht. Wenn Sie ruhig vor ihm stehen und den Arm herunterdrücken, wird Ihr Gegenüber weniger Schwierigkeiten haben.
Diese Tests sind immer erfolgreich, auch wenn viele uns natürlich unterstellen, wir würden Zaubertricks anwenden oder die Testpersonen gar manipulieren (zum Beispiel, indem sie glauben, wir besäßen magische Kräfte!). Probieren Sie es selbst aus, und Sie können selbst entscheiden, ob Sie der unsichtbaren Energie auf den Leim gehen oder nicht.

Phänomenal!

Wir könnten Ihnen noch eine Menge Phänomene und unerklärliche Erscheinungen vorstellen. Aber überlassen wir das Leuten, die sich lange damit beschäftigt und gute Bücher darüber geschrieben haben. Phänomene gibt es überall, und man sollte sie immer im Auge behalten. Nicht zuletzt, um zu lernen wie erfrischend es sein kann, einmal ein Tête-à-tête mit der "Dritten Art" zu haben, und es ohne weitere Erklärungen dabei zu belassen. Ununterbrochen geschehen Dinge auf unserem Planeten, die wir nicht erklären können, die uns jedoch beeinflussen. Menschen allerorts tun dasselbe, ohne voneinander zu wissen. Ständig schwirrt der sagenumwobene "Zeitgeist" um uns herum. An allen Ecken und Enden der Welt produzieren Menschen Dinge in derselben Beschaffenheit, ohne sich zu kennen oder abzusprechen. Irgend etwas liegt in der Luft, und nach diesem "Irgendetwas" wird gehandelt. Inzwischen ist dieser Begriff als Synonym für "Mode" längst abgegriffen, aber er drückt ein gesellschaftliches Phänomen aus, nach dessen Prinzipien wir denken, leben, uns kleiden usw. Da kann keine soziologische Theorie bis ins letzte herumanalysieren. Man ist höchstens im nachhinein schlauer.

Wer jedoch vordenken muß, kann sich nur auf etwas einlassen, ohne Erklärungen abzuwarten. Und das Sicheinlassen bedarf eben einer solchen Haltung, wie wir sie in unseren Beispielen vorgemacht haben. Sie erkennen etwas, das Sie nicht glauben können, und ziehen gerade aus diesem objektiven Nachteil einen Nutzen. Und eventuell können Sie diese gewonnenen Energien sogar für sich nutzen, so wie es der Apotheker oder die Rotweinbauern getan haben – es sei denn, Sie stellen ausgerechnet Rasierklingen her.

Weiterführende Literatur

Cousto, Hans: Die kosmische Oktave. Der Weg zum universellen Einklang. Essen 1984.

Diamond, John: Der Körper lügt nicht. Freiburg [4]1988.

Diamond, John: Die heilende Kraft der Emotionen. Freiburg [2]1987.

Escher, Maurits Cornelis: Die Welten des M. C. Escher. Remseck 1984.

Reutersvärd, Oscar: Unmögliche Figuren. Augsburg 1988.

Topping, Wayne W.: Stress release. Freiburg [2]1986.

Humor

Lachen ist Befreiung.

Henri Bergson

"Ein Bild aus glücklichen Tagen."
Rosenmontag 1989:
Dreigestirn meets Viererbande

Unfreiwilliger Humor

"Die CDU und die FDP werden auch weiterhin friedvoll miteinander untergehen." Dieses Zitat stammt von einem Meister des unfreiwilligen Humors – Bundeskanzler Helmut Kohl. Prompt hat er sich damit auf Rang 1 der "Zitate des Jahres"- Hitparade 1989 plaziert.

Gekonnter Humor

Der russische Dichter Puschkin ist von relativ kleiner Statur. Auf einem Ball geht er auf eine Dame zu und fordert sie zum Tanz auf. Die Dame blickt auf ihn herab und antwortet brüskiert."Ich tanze nicht mit Kindern." Darauf Puschkin höflich: "Oh, entschuldigen Sie, ich wußte ja nicht, daß Sie schwanger sind."

Wir steuern auf eine Kommunikationsgesellschaft zu. Information, Persönlichkeit, direkte und kommunikationsstarke Beziehungen werden unser Handeln und unsere Entscheidungen noch stärker als bisher prägen. Beide obengenannten Beispiele haben mit burschikosem Stammtischhumor wenig zu tun. Sie sind aus Situationen heraus entstanden, die uns nicht unbekannt sind und die wir nachempfinden können.

Mal passiert ein Fauxpas, und wie schnell rutscht aus Versehen ein falsches Wort heraus. Oder wir sind in einer prekären Situation schlagfertig und reagieren so gekonnt, daß das Gegenüber plötzlich den Schwarzen Peter in der Hand hat. Natürlich, Puschkin war ein rhetorischer Meister. Aber das heißt nicht, daß wir nichts von ihm lernen könnten.

Die potentielle Partnerin, die den Dichter schroff abwimmeln wollte, hat ihm eine ziemliche Beleidigung vor die Füße geworfen. "Ha!" denkt sie sich,"dem hab' ich's aber gegeben!" Irrtum. Puschkin faßt die Antwort der Dame erst gar nicht als Beleidigung auf. Er bezieht die Formulierung "mit Kindern" nicht auf sich, sondern stellt sie in einen anderen Kontext – das heißt, er läßt seinem Geist freien Lauf, er assoziiert. Dann läßt er die Frucht kurz reifen und schmeißt sie seinem gutaussehenden Gegenüber formvollendet an den Kopf. "Ich ein Kind? Nein, damit kann sie doch nicht mich meinen!? Was mag sie gemeint haben? – Ach so....", und dann folgt die Entschuldigung, bei der Puschkins Dame wohl erst einmal dezent die Kinnlade herunterfällt. Er hat sie nicht nur bloßgestellt, sondern auch verunsichert. Im Grunde hat er ihr auch noch zu verstehen gegeben, daß sie dick ist – als Entschuldigung getarnt! Es ist eben alles eine Sache der Form, wenn man guten Takt beweisen will!

Was lernt man daraus? Humor ist mehr als "Stimmung, Spaß, Freude, Lachen, halt Gaudi", wie Gerhard Polt den Begriff einem japanischen Touristen auf dem Oktoberfest erklärt. Humor gibt es in allen Schattierungen. Der saftige, derbe, trockene, makabere, zotige, feinsinnige, zweideutige, eindeutige oder versteckte Humor..., es sind alles Spielarten des Geistes. Sie haben eines gemeinsam: Am Schluß folgt ein Lacher – sofern der Witz gut war.

Witz ist immer ein Zeichen von Geist. Und Geist zu beweisen kann nie von Nachteil sein. Wer dabei auf seinem Standardgag bei Verkaufsgesprächen oder Sitzungen beharrt, wird nicht mit ewigem Erfolg rechnen können. Mal erwischt man die falsche Situation, mal den falschen Ansprechpartner. Mit der Zeit trocknet der Witz dann aus – Humor dagegen kommt aus dem Lateinischen und bedeutet "Feuchtigkeit"!
Deshalb unser Rat: Steigern Sie Ihr Format durch den geistigen Seitensprung. Geist haben ist die Fähigkeit, mit seinem Kopf Sachen zu veranstalten, indem man im Gehirnbereich ständig neue Leitungen legt. Witz ist "die Logik vom anderen Ufer": Mit ihm (und der Frechheit) kommt man weiter. Witz verhilft zu charakterlichem Format, fördert die Spontaneität und fordert den Starrsinn erbarmungslos heraus. Wir können eine gute Portion Witz täglich nur wärmstens empfehlen. Das Schönste am Humor: Er ist nicht apothekenpflichtig, oftmals ansteckend und trotzdem die "beste" Medizin – auch, wenn sich so mancher angeblich schon krank-, krumm- und totgelacht hat. Wir empfehlen: Steigern Sie Ihre Persönlichkeit mit Humor und Charme. Er kommt rezeptfrei ins Haus: alle Register, alle Kassen.

Wieso eigentlich?

Wer schon einmal gelacht hat, weiß Bescheid: Lachen befreit. Spaß löst den gordischen Knoten der inneren Verkrampfungen, kennt keine Grenzen der Phantasie und ist überall zu haben. Einzige Grundvoraussetzung: Man muß sehr viel davon verstehen. Wer Spaß versteht, hat den Erfolgsjoker in der Tasche. Mit ihm können Sie unangenehme Situationen überbrücken, neue Kunden überzeugen und gewinnen oder auch mal über Beschwerden locker hinweggehen.

Zu diesem Zweck ist es nötig, über die Grenzen unseres logischen Verstandes zu springen und auf diesem unsicheren, aber unbegrenzten Terrain Fuß zu fassen. Wer dort einmal angelangt ist, kommt ungern wieder zurück. Denn jeder Mensch weiß, wie gerne er lacht und wie angenehm es ist, einen Partner zu haben, zu dessen Anatomie zum Beispiel die begehrte "leichte Schulter" zählt. Die Fähigkeiten, die man dazu mitbringen sollte, sind genauso komisch wie die ganze Angelegenheit.

Erste humoristische Lockerungsübung

Stehen Sie mal auf und springen Sie über Ihren eigenen Schatten. Lassen Sie mal fünf gerade sein. Wie, das macht Ihr Kopf nicht? Strengen Sie sich an, solange, bis Sie das mühsam gelernte, ewig geübte und bis zum Erbrechen durchgekaute Reich der Gesetze hinter sich gebracht haben. Dann stehen Sie plötzlich auf der anderen Seite des Spiegels. Wie Alice im Wunderland. Was Sie durchschaut haben, das können Sie nach Belieben umdrehen – sei es die Erbsenzählerei Ihrer Finanzabteilung oder die Macken Ihres geschätzten Kollegen. Humor heißt für die meisten, sich lächerlich zu machen. Dabei ist das Gegenteil der Fall: Nur wer Spaß machen und verstehen kann, beweist Format. Ein Chef, der im rechten Augenblick mal alle Disziplin sausen läßt und die Hosen hochkrempelt, um seine Abteilung zur Polonaise durch den Verwaltungstrakt einzuladen, soll sich nach neuesten Umfragen größerer Beliebtheit erfreuen als ein "Firmenadmiral", der mit einer dicken Zigarre in seiner Limousine sitzt und es beim Anblick des vorbeiziehenden Mitarbeiterspaliers bedauert, daß seine "Untergebenen" keine Verbeugung machen. Daß diese Spezies vom Aussterben bedroht ist, ist nicht zuletzt eine Frage des herrschenden Zeitgeists.

Spaß beiseite...Kommunikation ist angesagt, Hierarchien werden abgebaut, ein fröhliches, relaxtes Arbeitsklima ist nicht nur stimmungs-, sondern auch umsatzfördernd. Wenn Sie nur ein Quentchen Humor in Ihre Arbeitswelt einbringen, werden Sie überraschende Resultate bekommen – sogar außerhalb der Karnevalszeit. Freude motiviert. Sie leben in einer Arbeitswelt, in der viele so tun, als seien sie perfekt und noch dazu die Größten. Das wird auf Dauer langweilig. Gerade im sogenannten Sinnjahrzehnt ist es wesentlich sympathischer, wenn Sie mit Verstand, Humor und Bescheidenheit Charakter beweisen, als wenn Sie mit einem Funktelefon im Porsche sitzen und bei jeder Rotphase lässig zum eingebauten Rasierapparat greifen.
Wer sich auf Humor versteht, behandelt seine Mitarbeiter wie Mitmenschen. Und er erlebt dadurch eine schöne Erfahrung: Integrität und gegenseitige Akzeptanz. Durch Offenheit und Herzlichkeit wird Ihre Abteilung zur "Community", wenn nicht gar zur "Family" werden. Statt ideologischem Ernst und tristen Strategien öffnet man sich lebendigen, organischen Veränderungen, ist viel empfänglicher und gelöster. Eine Besprechung, die nur kompliziert in Gang kommt, wird durch einen Scherz aufgelokkert. Ein Mitarbeiter, dem man eine langwierige Aufgabe zuteilt, wird motiviert, indem man versucht, ihn erst einmal wieder zum Lachen zu bringen. Dadurch entsteht neben der Arbeitsebene eine Ebene, auf der man sich ständig weiterbewegt: die Unterhaltung. Was allenfalls nach Feierabend erlaubt ist, findet nun den ganzen Tag über statt: genau die Art von "Ausgelassenheit", die sich spießige Betriebe höchstens unter Alkoholeinfluß, nach Messetagen oder Betriebsfesten leisten. Nüchterne Ausgelassenheit belebt jedoch den Alltag – und das Geschäft.

Ein Unternehmen, das nicht demokratisch und gleichberechtigt strukturiert ist, wird es mit dem "Zuckerbrot-und-Peitsche"-Prinzip in Zukunft schwerhaben. Das einzige , was gefördert wird, ist der Entfremdungsprozeß zwischen Chef und Angestellten. Howard Hughes soll sehr einsam gestorben sein.

Drei ernstgemeinte Ratschläge zur Erfolgssteigerung durch Humor

oder : Sinn durch Unsinn

1. Lachen

Lachen Sie mal. Ziehen Sie dabei beide Mundwinkel so weit auseinander, daß man dabei die untere Zahnreihe sehen kann. Beugen Sie sich nach Bedarf ein wenig in Ihrem Stuhl zurück, und drücken Sie nun kurz hintereinander im Stakkato auf Ihr Zwerchfell. Stoßen Sie dabei möglichst schallende Laute aus. Klappt's? Wenn nicht, dann haben wir vielleicht etwas vergessen: die Pointe zum Beispiel oder den Anlaß. Aber wo kann man Spaß kriegen?

Beispielsweise im Kino, im Kabarett oder in guten Satireshows. Wenn Sie Glück haben, bekommen Sie eine geballte Ladung ungebändigten Humors zu einem relativ niedrigen Preis zugespielt. Doch nicht nur das: Von den besten Komikern kann man viel lernen. Der amerikanische Komödiant Steve Martin ist bei seinem Publikum so beliebt, weil er in all seinen Filmen und Sketchen ein großes Credo vertritt: Mehr Mut zur eigenen Dummheit. Woody Allen dagegen gibt ständig zu, daß er Probleme mit der Sexualität hat, so humorvoll und liebenswert, daß das Publikum ihn zum erotischsten Mann des Jahres gewählt hat. Das deutsche Satiremagazin *Titanic* zeigt uns monatlich, welcher Kaiser keine Kleider anhat oder erfindet neue Kultfiguren wie "Genschman". Loriot führt uns die ganze Palette anerzogenen Anstands und Formen der Diszplin vor, um sie gleichzeitig ad absurdum zu führen.
Alles Leute, die über bestehende Werte und Normen nachdenken und sie umdrehen. Wer über solche Ideen nicht lachen kann, muß in seinen Normen schon ganz schön erstarrt sein. Wir haben unzählige Manager befragt, wie oft sie ins Kino gehen oder sich auf andere Art unterhalten lassen. Das Ergebnis war schockierend. Die wenigsten sind in den vergangenen zehn Jahren überhaupt ins Kino gegangen. Sie bewegen sich also ausschließlich innerhalb ihrer eigenen Horizonte, Klassen und Gesellschaften. Sie wissen nicht, wo die Trends hingehen – sie haben auch keine Ahnung, welche Bedürfnisse die Menschen inzwischen entwickelt haben.
Ein Produkt ist nicht nur etwas zum Konsumieren – es ist ein Paradigma unserer Gesellschaft. Da jedes hergestellte Produkt eine gesellschaftliche Relevanz hat, muß es diesen Bedürfnissen entsprechen – aber auch jeden Wandel mitmachen! Wer sich jedoch nur in den weltfremden Sphären der Betriebsetagen aufhält, wird irgendwann den Weitblick verloren haben, anstatt neue Werte auf sein Produkt zu übertragen. Tagtäglich passiert es, daß ein Manager fassungslos den roten Zahlen gegenübersteht, die sein einst so gepriesenes Produkt verzeichnet. Und nun haben die Verbraucher das goldene Kalb geschlachtet. Es ist daher ratsam, sich in Szenen gut auszukennen. Je weltoffener man sein kann, desto mehr wird man gewinnen.

Lachen paßt im Grunde genommen in jede Situation. Wer immer lachen kann, ist in der Lage, jede noch so ernsthafte Atmosphäre zu entkrampfen und für ein gutes Klima zu sorgen. Dadurch wird positives und konstruktives Denken gefördert.
Selbst in einer besonders ernsten Lage zahlt sich Humor aus. Wenn jemand Sie absichtlich ärgern will, machen Sie den größten Fehler, wenn Sie Ihr Gegenüber

wirklich ernst nehmen – denn genau das will es erreichen. Im Falle, daß Sie das nicht tun, haben Sie schon viel gewonnen. Ihr Gesprächspartner will Sie verletzen, unter Druck setzen oder beleidigen. Lachen Sie. Damit signalisieren Sie Ihrem Angreifer, daß Sie das Duell nicht akzeptieren, weil Sie seine Finte als netten Schwachsinn verstehen und ihm den humoristischen Gehalt seines Scherzes bestätigen. Sie nehmen ihn nicht ernst. Schon ist er außer Gefecht gesetzt. Bis er sich wieder erholt hat, haben Sie genug Zeit, ihm eins zurückzugeben oder die Sache elegant zu übergehen. Auf diese Weise entscheiden Sie die Situation für sich.

2. Spaß verstehen

Im Mittelalter pflegte sich jeder König einen Hofnarren zu halten. Der Hofnarr hatte nicht nur die Aufgabe, den König mit Scherzen zu unterhalten. Er hatte außerdem die sprichwörtliche "Narrenfreiheit", die ihn verpflichtete, die Politik des Königs scharf zu beobachten und – wenn auch mit dem berufseigenen Schalk im Nacken – massive Kritik zu äußern.

In Zukunft wird wohl kaum ein Unternehmen ohne einen Hofnarren auskommen. Vorbei sind die Zeiten der Firmenideologien, die einen Bann gegen jeden aussprachen, der gutgemeinte Einwände hatte. Heute diktiert das Volk. Und deshalb braucht man Leute, die Entscheider in ihrem Produktglauben ständig sanft aus dem Sattel heben – um sie wieder zu festigen! Diese Menschen sind das Bindeglied zwischen Produzent und Konsument und vermitteln auf ihre Weise die Produktrezeption. Wer da keinen Spaß versteht, kann gar nichts verstehen. In einem Klima, in dem man bei scharfzüngiger Kritik um seine Position bangen muß, können keine Kreativität und keine gute Lösung entstehen. Im Gegenteil: Die Frustrierten, deren Vorschläge abgeschmettert werden, sind eher bereit, die beschlossenen Pläne aktiv zu durchkreuzen. So produziert sich ein Unternehmen seine eigenen "Bremser". In den meisten Fällen werden die Leute, deren hohes Potential verkümmert, obendrein noch entlassen.

Merke: Respekt und Ideologie fördern Produkt- und Betriebsblindheit. Ein gutes, "spaßiges" Klima fördert Weltoffenheit. Spaß verstehen ist die oberste Maxime für Konstruktivität – man muß Spaß eben nur richtig zu deuten wissen.

3. Gute Laune verbreiten

Eine schwierige Aufgabe – das Produzieren einer guten Arbeitsatmosphäre. Oder doch nicht...? Die beste Voraussetzung, ein gutes Arbeitsklima zu schaffen, ist erst einmal: normal sein. Normal sein bedeutet, weder seine besonderen Fähigkeiten noch seine besondere Stellung vor seinen Mitarbeitern "hervorzukehren". Normal sein bedeutet aber noch etwas: die Erlebnisse, Erfahrungen und Ideen, die man in seinem außeralltäglichen Leben entwickelt, in das Berufsleben zu integrieren. Arbeit und Leben werden immer weniger als getrennte Welten betrachtet: Man will tagsüber möglichst derselbe sein wie vor oder nach der Arbeit. Die Konsequenz: Arbeit erleben, Ergebnisse und Erlebnisse miteinander verbinden, durch Freude Teamgeist aufbauen. Ein Trend in Amerika zeigt, daß nicht nur Mitarbeiter, sondern auch die Chefs akzeptiert werden wollen. Sie machen das, indem sie sich im Betrieb genauso verhalten, wie sie es sonst auch gerne tun – sei es, indem sie an Tagen ohne Kundenbesuche mal in legeren Klamotten daherkommen oder indem sie die Passierschranke flott mit dem Rennrad passieren. Moderne Psychologen raten gestreßten Managern, sich normal zu verhalten. Nach neuesten Meldungen hat sich keiner der

Unternehmenskönige durch solch ein Verhalten einen Zacken aus der Krone gebrochen. Vielmehr haben sie sich mit Witz und Mut die Sympathie bei ihren Mitarbeitern gesichert und sich ein positives Image aufgebaut.
Spaß kann dem Unternehmen nur nutzen! Die ernsten Blicke, die manche Chefs gerne Mitarbeitern zuwerfen, wenn diese mal einen Witz reißen, zeugen mehr von dem Neid, nicht teilnehmen zu können, als von der Mahnung zur Disziplin.
Verbauen Sie sich deshalb nicht die Chance, normal zu Ihren Mitarbeitern zu sein! Wenn Sie Ihre Glaubwürdigkeit durch Hierarchiewillen erst einmal verloren haben, wird es schwierig sein, den Kollegen wieder vertrauensvoll näher zu kommen.
Man soll zwar nicht künstlich gute Laune verbreiten, kann aber einiges tun, um schlechte Laune zu verhindern. Bei sich selbst angefangen zum Beispiel: Lassen Sie Ihre schlechte Laune nicht an anderen aus – zeigen Sie lieber, daß Sie heute ausnahmsweise "nicht gut drauf" sind. Kein Mensch kann täglich guter Laune sein. Im Gegenteil: Man sollte sich vor denen hüten, die täglich den Strahlemann herauskehren. Es ist daher besser, ehrlich zu sein, als sich und andere zu quälen. Hat jemand anders schlechte Laune, so behandeln Sie ihn wie Ihre Lieblingsbedienung im Lokal, wenn sie miesepetrig ist: Versuchen Sie ihn wieder aufzuheitern, indem Sie ihn aus der Reserve locken. In der richtigen Situation wird Ihnen schon etwas einfallen – schließlich bekommen Sie Ihren Lieblingsdrink dann auch so gemixt, wie Sie ihn schätzen! Wenn Sie es schaffen, einen Menschen wieder zum Lachen zu bringen, sorgen Sie nicht nur für Kommunikation, sondern können auch einige Punkte auf Ihrem Charmekonto verbuchen.

4. Freunde machen

Das Corporate Behaviour wird ebenso wichtiger Bestandteil der Kommunikation wie Werbung oder Design. Immer dichter wächst der Kontakt zum Kunden, immer entscheidender wird die Beziehung zwischen Kunde und Unternehmen. Um so wichtiger die kommunikative Ausstrahlung, die Ihr Unternehmen repräsentiert.
Ein Beispiel: das Telefon. Da die Leitung zum Hersteller immer kürzer wird, haben schon viele Betrieb eine "Hotline" oder sogar ein Telefonbüro eingerichtet, wo nur die Wünsche der Kunden aufgenommen und behandelt werden. Sie kennen das Spiel aus eigener psychologischer Erfahrung: Das Verhalten des Gesprächspartners verrät schon viel über die gesamte hausinterne Kommunikation. Wenn die Sekretärin unwirsch, unmotiviert und mürrisch ist oder Sie sogar noch abwimmelt oder falsch verbindet, machen Sie innerlich mit dem gesamten Unternehmen "Schluß".
Es gilt daher, gute "Stimmung" nicht nur intern, sondern auch extern zu verbreiten. Es wäre fatal, wenn Sie ausgerechnet dann, wenn Sie einen Kunden "leibhaftig" an der Strippe haben, die Situation nicht positiv nutzen würden. Denn gerade jetzt hat man die Chance, sich den Kunden zum Freund zu machen – oder zu verlieren.
Es ist sinnvoller, einzelne Kunden langfristig zu betreuen als viele Kunden kurzfristig zu bedienen und ständig neue "anzubaggern". Das wird Ihnen jeder Marketingspezialist bestätigen. Wenn wir erfolgreiche Unternehmer befragen, wie sie mit ihren Kunden umgehen, haben sie einhellig bekräftigt, wie wichtig es ist, sie gut, aufrichtig und...mit Humor zu behandeln. Bei einem knappen Vertreterwitz stockt einem höchstens der Atem. Bei einer anregenden Konversation ergeben sich schon aus der Situation heraus viele Gelegenheiten, einen passenden Scherz zur passenden Zeit zu machen. Denn jeder Gesprächspartner ist intuitiv bemüht, sein Gegenüber nicht zu langweilen, sondern aufzumuntern. Das bedeutet: Je länger ein Gespräch dauert, desto amüsanter und bereichernder kann es werden. Wer sich überlegt, wie er auf die

Telefonistin eingehen kann, gewinnt nicht nur Zeit, sondern verschafft sich auch direkt den besten Eindruck. Das meinen wir nicht als Lehrstück, sondern als Training für den Charakter. Wer Charakter hat, kann nur erfolgreich sein!

Die Moral von der Geschichte: Ohne Humor geht es nicht.

Die Geheimnisse des persönlichen Erfolges heißen Offenheit, Sensibilität und Fröhlichkeit – Produkte des Humors. Humor muß nicht bedeuten, daß man als Stimmungskanone durch alle Räume rennt. Humor bedeutet die Fähigkeit des Lachenkönnens, des Charmes und der Empfänglichkeit für alles, was Spaß macht. Humor beweisen kann man täglich – oder auch zu ganz besonderen Gelegenheiten: zu Geburtstagsfeiern oder bei Betriebsreden beispielsweise. Schenken Sie ihrem Chef oder Mitarbeiter mal statt der Flasche Wein eine Sache, die unmittelbar etwas mit seinem Steckenpferd oder einem allen bekannten Charakterzug zu tun hat. Lassen Sie die Rede zum Betriebsfest von dem zitierten "Hofnarren" halten – und von dem Werbetexter Ihrer Agentur schreiben. Er kennt Ihr Unternehmen und wird, wenn er gut ist, eine knackige und pointierte Rede schreiben können. Damit beweisen Sie Format. Sie zeigen nicht nur, daß man es Ihnen auch mal zeigen kann, sondern daß Sie selbst Kritik zulassen.

Was wir noch lernen: Es hat keinen Zweck, immer ernst zu sein. Ja, Sie hemmen die Kreativität und Dynamik, wenn Sie immer ernst sind. In unseren Seminaren haben wir folgende Erfahrung gemacht. Menschen, die in ihrem Betrieb unter Druck gesetzt werden, haben sich während unserer Spiele skeptisch und starr verhalten. Sie haben sich regelrecht dagegen gewehrt, sich zu entfalten. Sie haben die Spiele nicht ertragen. Sie haben lange gebraucht, bis ihnen klargemacht werden konnte, daß sie hier eine Gelegenheit haben, sich aus den Zwängen ihrer konformen Arbeitswelt befreien zu können, ja zu müssen.
Ein anderes Beispiel: Das Lachen ist ein Refugium der Kinder. Sie kennen noch keine Regeln und Verordnungen, so lange sie den größten Teil ihrer Zeit mit Spielen beschäftigt sind. In der Schule wird das schon anders. Hier lernen sie neben Mathematik und Deutsch auch Disziplin. Man hat in einer Schule einen Versuch unternommen. Die Kinder einer Klasse bekamen eine relativ schwere Mathematikaufgabe, die sie ziemlich ins Schwitzen brachte. Nach einer halben Stunde war noch kein Ergebnis da. Dann zeigte man den Kindern einen lustigen Film, bei dem kräftig gelacht wurde. Anschließend ging es wieder an die Aufgabe, und – siehe da – nach zehn Minuten hatte das erste Kind die richtige Lösung. Kinder haben ohnehin eine wunderbare Phantasie. Von ihrem großen, irrationellen Vorstellungsvermögen können wir Erwachsene viel lernen. Humor ist die Fähigkeit, strenge Kategorien zu verlassen, um für andere Dinge offen zu sein. Unternehmen Sie deshalb möglichst viele Dinge, die Ihnen "normalerweise" nicht in den Sinn kommen, weil sie nichts mit Alltag, Geschäft oder Karriere zu tun haben. Schauen Sie sich mal einen Zeichentrickfilm an, veranstalten Sie statt des üblichen Gala-Dinners eine "Hexen-Party" oder gründen Sie einen betriebseigenen Fußballverein und fordern Sie mit Ihren Kollegen andere Betriebe heraus. Sie können nur gewinnen! Die Hauptsache: Man nimmt möglichst oft Anlauf, um über seinen Schatten zu springen. Was dabei herauskommt, sind Offenheit, ungewöhnliche Ideen...und neue kreative Kraft.

Irgendwann im Laufe der Seminare führen wir humoristische Filme vor: populäre Sketche und Slapsticks von Loriot bis "Dinner for One", Unterhaltung, über die eigentlich jeder immer wieder lachen kann.

Manche konnten überhaupt nicht lachen, manche lachten aufs herzlichste frei heraus. Wir haben festgestellt, daß alle "Frei-Lacher" immer jene waren, die zu den erfolgreichsten Managern der Truppe zählten.
Komisch, nicht?

Weiterführende Literatur

1. Über Humor

Bergson, Henri: Das Lachen. Ein Essay über die Bedeutung des Komischen. Frankfurt am Main 1988.

Nash, Walter: The Language of Humor. Style and technique in comic discourse. London, New York 1985.

2. Zum Lachen

Henscheid, Eckhard: Meine Trilogie der großen Zerwirnis. Zürich 1988.

Meinecke, Thomas: Mit der Kirche ums Dorf. Kurzgeschichten. Köln 1986.

Ernährung

Mahlzeit!

(Gängiges deutsches Begrüßungsritual zwischen 11 und 15 Uhr)

Christian Willrich, TopKorn.
Vollwertrezepte der feinen
Art – frisch und mit Biß.

Management à la carte – Die Kost, mit der man voll auf seine Kosten kommt!

Speisekarte des Erfolgs

Entrée

Wie man sich (und nicht seinem Magen) zum Durchbruch verhilft.

Menu I

Kannibalismus in Deutschland

Menu II

Fast thinking durch Fasten – Wie man dem Geist Beine macht.

Dessert

Das Erfolgsrezept – Für alle, die Geschmack an Gesundheit finden.

Entrée –
Wie man sich (und nicht seinem Magen) zum Durchbruch verhilft.

Rom. Herr Agrippa, seines Zeichens Manager des römischen Volkes, hat eine schwere Entscheidung zu treffen. Denn ein Teil seines Volkes ist in Streik getreten. Er ist aus Rom ausgezogen und hat sich auf einem gegenüberliegenden Berg postiert. Nichts läuft mehr in der Stadt. Marcus Agrippa sieht sich nunmehr gezwungen zu verhandeln. Lange überlegt er, wie er die Leute wieder dazu bewegen kann, in die Stadt zurückzukehren. Oben auf dem Berg angekommen, erzählt er das Gleichnis vom Magen und seinen Gliedern, das allen Inhabern des kleinen Latinums geläufig sein sollte. Die "Glieder" weigern sich, dem Magen weiterhin Zuarbeit zu leisten. Demzufolge kann der Magen seine Kost nicht weiterverarbeiten. Doch bald werden auch die Glieder funktionslos, weil sie vom Magen keine Reserven mehr erhalten. Schließlich kann der Magen seinen Organen klarmachen, daß er nicht ohne sie und sie nicht ohne ihn funktionieren können. Die Glieder besinnen sich und nehmen ihre Tätigkeit wieder auf.

Fazit: Mit diesem Gleichnis gelingt es Agrippa, seine "Organe" wieder in den Funktionskreis des römischen Organismus einzugliedern.

Das moderne Management setzt immer mehr auf Entscheidungen, die "aus dem Bauch" kommen. Nicht nur die Liebe geht durch ihn – sondern auch die Intuition, das Gefühl, das immer recht hat. Grund genug, sich diesem Körperteil etwas näher zu widmen. Warum sollte man nicht dafür sorgen, daß es unserem "inneren Gefühl" gutgeht? Es gibt Mittel und Wege, den Bauch zu verwöhnen, indem man ihn pflegt und kultiviert. Je besser wir uns ernähren, desto wohler fühlen wir uns. Und desto sicherer werden Entscheidungen gefällt. Die größten Denker haben leichte Speisen vorgezogen – Platon, Goethe, Wittgenstein, um nur einige zu nennen.

Wir sollten alles vermeiden, was uns auf den Magen schlägt. Doch solche unangenehmen Situationen sind vorprogrammiert. Schneller als wir denken, fühlen wir uns schon wieder unerwarteten Entscheidungen ausgesetzt oder erleben wir unangenehme Überraschungen. Wenn wir den Magen nach Herzenslust verwöhnen, sind wir solchen Unannehmlichkeiten nicht gewachsen. Dann kommt es meistens zu dickköpfigen Entscheidungen. Kein Wunder, wenn wir uns die Bäuche vollschlagen, ohne zu bedenken, wie schwerfällig wir dabei werden.

Der Alltag: ein dickes, marmeladenbeladenes Frühstücksbrot, ab 11 Uhr der unbarmherzige Schlachtruf "Mahlzeit!", der alle Angestellten zum ungebändigten Zuschlagen am Kantinenfließband versammelt. Im Anschluß folgt die Kaffeeorgie, bei der man sich tassenweise Gift in den Bauch schüttet, um für den Rest des Tages aufnahmefähig zu bleiben – möglichst mit einem ordentlichen Schuß Zucker und Milch, und ab und zu schon mal ein Schnäpschen zur Verdauung.
Milch macht dumm, Zucker macht träge, lehren uns die Mütter. Nichtsdestotrotz trinken wir den ganzen Tag manisch Kaffee, vollenden wir den Tagesablauf mit einer ordentlichen Wurstplatte oder sogar mit einer zweiten warmen Speise. Deftig muß es sein.

Die Griechen und Römer betrachten den Bauch als Zentrum der Seele. Wir betrachten ihn als große Verdauungsmaschinerie, die gefälligst all das zu verkraften hat, was wir

ihr tagtäglich antun. Die Konsequenz schwerfälliger Essensmanieren: mit 25 Jahren chronische Magenschmerzen, mit 30 die ersten Polypen, mit 40...
Der Wettlauf mit der Zeit fordert seine Opfer. Nicht selten geschieht es, daß so mancher seinem Magen zum Durchbruch verhilft, bevor er es selbst geschafft hat. Das Motto der Stunde lautet: Schonzeit statt Mahlzeit! Legen Sie eine Pause ein, und überdenken Sie in den nächsten 10 Minuten Ihren Essensplan. Denn wenn Sie weiterlesen, wird sich Ihr Tagesmenu wahrscheinlich gehörig ändern.

Menu I – Kannibalismus in Deutschland

Fleisch, Fleisch und nochmals Fleisch, so lautet die Devise auf Deutschlands Speiseplänen. Unsere Essenstradition beruht auf einem prähistorischen Aberglauben: Wer viel Fleisch, also Substanz seinesgleichen, zu sich nimmt, gewinnt Kraft. Die Köche und Kantinenchefs richten sich nach dem unumstößlichen Ritual, das besagt: Man stärke mit viel Fleisch die Muskeln. Die Wahrheit: Jeder Mensch braucht eine tägliche Fleischration von einer Scheibe Salami – und die könnte er sich auch noch verkneifen. Fleisch enthält hauptsächlich Eiweiß. Ein Versuch hat ergeben, daß eine von tierischem Eiweiß bestimmte Ernährung auf Dauer zum Aussterben führt.
Von Natur aus ist der Mensch Pflanzenfresser. Unsere Vorfahren waren Jäger und Wildfänger. Sie mußten manchmal tagelang einem Wild hinterherrennen, bevor sie es zu fassen bekamen. In der Zwischenzeit haben sie sich von Pflanzen ernährt. Anders hätten sie den Wettlauf gar nicht bewältigt, denn Pflanzen lassen sich binnen Stunden verdauen, während Fleisch manchmal tagelang im Körper herumhängt, bis es verdaut ist. Bisweilen beginnt Fleisch sogar schon im Körper zu faulen, bis man sich von ihm endlich schmerzlich trennt. Die urzeitliche Gleichung

Fleisch x Fleisch = Kraft

stammt von den Kannibalen. Komischerweise ist der Glaube daran auch nach der Abschaffung der Menschenfresserei erhalten geblieben. Heute sitzen wir Christen hungrig über Schlachtplatten und besinnen uns höchstens noch mit rituellen Tischgebeten auf das große Fressen. Spätestens nach dem Andachtsmoment stürzen wir uns besinnungslos auf die Fleischberge und schlingen sie hinunter.

Wir wollen Ihnen keineswegs den Appetit verderben. Im Gegenteil, wir wollen nur Ihr Bewußtsein in punkto Geschmack schärfen. Da wir mal annehmen, daß auch bei Ihnen das Tischgebet unter den Tisch gefallen ist, bleibt also gar kein Anlaß mehr bestehen, sich über das Essen Gedanken zu machen oder sich auf diesen reproduktiven Akt innerlich vorzubereiten. Die Konsequenz: die postmittäglichen Magenschmerzen, der berühmte "tote Punkt", die Unmengen Kaffee, die man sich in den Bauch schüttet, um halbwegs wach zu bleiben.
Man verschwendet nicht nur wertvolle Energie, sondern auch einen Haufen aktive Zeit und somit Geld. Es ist eine Sünde, mittags schwere Kost zu sich zu nehmen. Es ist ein Widerspruch, seine Mitarbeiter mit Fleisch vollzustopfen und anschließend von ihnen wachen Geist und sprühende Ideen zu fordern. Schluß mit dem Kannibalismus in deutschen Kantinen!
Wir wollen von unserem Fleischaberglauben Abstand nehmen. Ihnen fällt im wahrsten Sinne des Wortes alles leichter, wenn Sie sich vegetarisch ernähren. Das hat weniger mit Öko-Denken, als mit Vernunft zu tun. Denn: Die Pflanzenfresser kommen weiter. Kennen Sie das Gefühl, wenn Sie gänzlich unverdaute Entscheidungen fällen müssen?

Kennen Sie das Gefühl, wenn Ihnen alles so leicht von der Hand geht, wenn Sie sich so leicht und locker fühlen, daß Sie im Handumdrehen Ihre Arbeit abwickeln können? Kennen Sie das unbestimmte Gefühl, daß Ihr Körper Sie bei allem, was Sie tun, unweigerlich belastet und Ihnen im Wege steht? Es ist, wie wenn Sie unter Alkoholeinfluß arbeiten: Alles geht viel schwerer, alles dauert länger, Sie sind von dem, was Sie tun, nicht überzeugt.

Wir empfehlen: Machen Sie sich das Leben doch einfach ein wenig leichter – durch "leichte Kost", von der man ohne weiteres satt wird. Das Kreative Haus hat für Sie einen Menuplan zusammengestellt, bei dem Ihnen das Wasser im Munde zusammenläuft. Da wir unseren Gästen das Leben nicht unnötig schwermachen wollen, gibt es bei uns volle Werte in rauhen Mengen. Unser Chefkoch, der Elsässer Christian Willrich, zaubert mit rein biologischen Substanzen regelmäßig zur Mittags- und Abendzeit Delikatessen, die weit über das Spektrum der herkömmlichen Bio-Küche hinausgehen. Schon vielen unserer Besucher ist bei ihrem Aufenthalt ein Licht aufgegangen. Die meisten geben zu, daß sie sich über das Kantinenessen im Grunde noch nie Gedanken gemacht haben. Wir versuchen durch eine sanfte "Vollwert-Roßkur", die Nahrungsaufnahme einmal ganz bewußt zu machen und zu überdenken. Das bedeutet für die meisten eine gewaltige Umstellung, wenn sie auf ihre tägliche selbstverständliche Fleischration verzichten müssen. Doch nach einigen Tagen "Schrot-und-Kornkur", die Christian mit äußerster kreativer Raffinesse und Liebe bereitet, haben sich Magen und Verdauung auf hohen Genuß und schnelle Erledigung eingestellt.
Inzwischen haben wir sogar aufgrund der gesteigerten Nachfrage ein spezielles Kochseminar eingerichtet, in dem man lernt, wie kreativ der Umgang mit Vollwert sein kann. Das macht den Teilnehmern ungeheure Freude. Nicht nur, weil sie mal selbst in den Töpfen rühren dürfen, sondern weil sie auf Teufel komm raus mit Erbsen, Bohnen, Linsen herumexperimentieren können.
Spätestens dann lernt man, daß die tägliche Nahrungsaufnahme nicht reine Reproduktion ist, sondern ein Akt des Bewußtseins und der Sinne zugleich. Wer bewußt ist und ißt, beweist Geschmack.

Testen Sie selbst – Der Geschmack entscheidet!

Mit dem Geschmack kommt ein wesentliches Merkmal ins Spiel der Sinne: Im Vergleich zu unseren anderen Sinnen ist der Geschmackssinn ausgezeichnet. Der Geschmack ist der einzige urteilsfähige Sinnesapparat, und das natürlich nicht nur bei Speisen. Was wir mit Auge, Nase, Ohr, Händen und Füßen nur sehen, riechen, hören und fühlen können, schicken wir an unseren Geschmack, der als einzige urteilende Instanz entscheidet, ob der wahrgenommene Duft oder die nette Dame am Nebentisch sinnlich "in Frage kommt". Ist das nicht Grund genug, seinen Geschmack gründlich auszubilden?

Nicht nur: Der wichtigste Grund für Sie, sich mehr aus Essen zu machen, ist geschäftlicher Natur. Es ist nicht nur ein Akt der Diplomatie, wenn Sie Ihrem Partner zu Mittag kein Eisbein mit Sauerkraut vorsetzen. Die Mittagszeit sollten Sie vielmehr zur "High-Noon" Ihrer geschäftlichen Vertragsabschlüsse und entscheidenden Gespräche kultivieren! Vorbei sind die quälenden Kaffee-und-Plätzchen-Sitzungen, in denen man trägen Gemütes innerhalb von drei Stunden schwerfällige Entscheidungen herbeireden muß. Verhandelt wird von nun an beim leichten Essen. Wie und warum, das zeigen wir Ihnen jetzt.

Menu II: Fast thinking durch Fasten – Wie man dem Geist Beine macht

Das Wort "Manager" bedeutet im Wortlaut "einer, der es schafft". Sie sind Manager. Sie schrecken vor nichts zurück. Sie scheuen kein Risiko und keine Gefahr. Sonst säßen Sie auch nicht auf solch einem wichtigen Posten. Prima. Dann geht es jetzt ans Eingemachte. Wir wollen Ihren Körper mal eben umwandeln – wir machen aus Ihnen, dem Fleischfresser, einen Pflanzenfresser. Wie geschieht das? Durch Fasten.
Das Fasten ist nicht nur ein religiöses Ritual, sondern macht auch ernährungswissenschaftlich Sinn. Die Ernährungswissenschaft hat in diesem Jahrhundert stolze Fortschritte gemacht. Je mehr man in Pfunden sündigt, um so stärker entsteht eine Gegenbewegung. Der Schweizer Arzt Bircher-Benner war der Entdecker der vegetarischen Rohkosternährung. Der Freiburger Professor W. Kollath, von Hause aus Hygiene-Experte, arbeitete an Bircher-Benners Programm weiter, bis die praktizierenden Ärzte Dr. M. O. Brucker und Dr. J. G. Schnitzer durch ihre Publikationen die sogenannte "Vollwertkost" Mitte der sechziger Jahre in Umlauf und in Bewegung brachten.

Ihre Forderungen lauten:

1. Essen Sie 65 Prozent all Ihrer Nahrung in rohem Zustand.

2. Essen Sie möglichst viel Getreide.

3. Überlegen Sie sich ein ganzheitliches Konzept, indem Sie die Produkte aus biologischem Anbau möglichst vielfältig servieren.

Diesem Programm liegt ein ganz einfaches Credo zugrunde: Laßt alles so natürlich wie möglich. Warum die Kost möglichst roh sein soll, hat seinen Grund: Beim Kochen jagen wir die meisten Vitamine durch den Schornstein. Durch den Erhitzungsprozeß verlieren auch Gemüse und Pflanzen ihre wertvollsten Substanzen.

Und warum Getreide? Das rohe Getreide enthält soviel Wirkstoffe, daß man sich theoretisch das ganze Leben davon ernähren könnte! Das einzige, was man sonst ab und zu bräuchte, wäre eine Zehe Knoblauch. Da wir jedoch mit unseren Fleischgewohnheiten nicht auch den Appetit verlieren wollen, machen wir uns lieber auf die Suche nach einem neuen, gesunden Ernährungskonzept.
Nahrung aus biologischem Anbau ist für uns deshalb so wichtig, weil nur dort alle natürlichen Nährstoffe enthalten sind, nach denen sich unser Körper so sehr sehnt. Nichtbiologische Nährstoffe sind meistens so überdüngt, daß die Pflanze ihren Geschmack und ihre Werte verliert.
Setzen Sie deshalb aufs Ganze: Es gibt nichts Besseres und Gesünderes als ein ganzheitliches Ernährungskonzept. Dann fühlen Sie sich als Manager noch wesentlich besser. Sprechen Sie das mit Ihrem Kantinenchef durch.

Ein paar Tricks am Rande: Apfelsinen statt Vitamin-C-Tabletten, viel Wasser, frische Luft und Bewegung statt Kaffee, mehrere kleine Portiönchen statt satt und fett. Essen Sie nicht zuviel durcheinander, und benutzen Sie möglichst wenige Zutaten – ganz im Sinne der neuen Bescheidenheit. Und vor allem: Lassen Sie sich zum Essen Zeit. Gönnen Sie sich Ruhe. Verlangen Sie deshalb, daß auch Ihre Augen sich am Essen laben können. Nicht nur, damit Sie Ihren Kollegen und Geschäftspartnern echten

Lifestyle von der Alessi-Platte servieren, sondern damit Sie das Essen automatisch bewußt genießen und aufnehmen. Essen heißt nicht seinen Wanst vollstopfen, sondern alle seine Organe mit Energie zu versorgen!

Mens sana in corpore sano – wie der Lateiner sagt...

Reduzieren wir also unsere Körperzufuhr, um mehr Energie zu produzieren!
Höhepunkt unserer Speisekarte ist, wie schon angeführt, das totale Null-Essen – ein Erlebnis transzendentaler Art.
Weniger ist mehr – jedenfalls bei der Ernährung.
Die Hochzeit von Jubel, Trubel, Heiterkeit heißt Karneval – Karneval ist lateinisch und heißt "Fleisch ade!". Bis Ostern heißt es nämlich Abschied nehmen von allen fleischlichen Lüsten, und wie wir nicht erst aus Umberto Ecos *Der Name der Rose* wissen, ist das vierzigtägige Fasten ein nahezu mystisches Ritual. Je weiter man mit dem Fasten kommt, desto mehr emanzipiert sich der Geist vom Körper.
Also, wenn Sie ganz stark sind, haben Sie auch genug Mut, um Ihre Kraft durch Fasten zu potenzieren!
Sie kennen den Zustand: Nach einem Festessen werden Sie müde und würden am liebsten erst mal schlafen. Wir wollen das Gegenteil erreichen: So paradox das klingen mag, aber nach "unserem" Essen werden Sie auch in Konferenzen und Verhandlungen noch kräftig zubeißen können.

Je weniger man ißt, um so klarer wird der Kopf. Man ernährt sich bewußt und denkt darüber nach, was im Körper mit der Nahrung geschieht. Machen Sie das lieber nicht, wenn Sie gerade nach klassischer deutscher Eßtradition ein Menu mit Hühnersuppe, Gänsebraten in Schweineschmalz, Rotkohl und Pudding zum Nachtisch gegessen haben. Das Resultat wäre ein Drehbuch für einen kulinarischen Horrortrip. Machen Sie sich die körperlichen Vorgänge jedoch bei geringer Nahrungsaufnahme klar, so spüren Sie auch, wie elegant und leicht die Nahrung durch den Körper rauscht, ohne Sie spürbar zu belasten. Was man sich beim Fasten als Horror vorstellt, erweist sich als höchstes Glück: der Königsweg zur Kreativität. Fasten Sie jedoch nur in Abstimmung mit Ihrem Hausarzt.

Der Clou des Fastens: Je länger Sie fasten, desto klarer wird Ihr Geist, um so schneller flitzen auch die Ideen! Das ist das eigentlich Erstaunliche am Fasten: Fast thinking durch Fasten! Nicht nur der Körper, auch der Geist wird entschlackt. Je weniger Sie essen, desto stärker steigt Ihr Bildungshunger, die Kompensation durch den Geist, die Bildung der Ideen. Nach dreiwöchigem Fasten sind Sie reif für die vollkommene Kreativität: Der Geist ist hellwach, Ihre Gedanken rauschen glasklar wie an einer Perlenschnur herunter, Sie haben kein Bedürfnis, alle drei Stunden Ihren Hunger zu stillen, sondern sind aktiv, dynamisch und impulsiv! Wenn Sie diesen Punkt erreicht und überschritten haben, haben Sie eine der wesentlichen Grundvoraussetzungen für kreatives Denken erreicht: die perfekte Wahrnehmung, Ideenentfaltung und Umsetzung aller Ihrer individuellen Gehirnströme. Dabei haben Sie im Grunde nichts weiter getan, als Ihrem Bauch wieder zum Ursprung verholfen. Wenn Sie sich an die Geschichte zu Anfang des Kapitels erinnern, so werden Sie nun besser verstehen können, warum man in der Antike den Bauch als das Zentrum der "Seele" ansah. Durch richtige Nahrung erreichen wir Ganzheit und Klarheit. Körper, Geist und Seele bekommen ihr Recht. Die Seele ist der dritte wichtige Punkt. Auch bei den Asiaten können wir Nachhilfe nehmen. Seit Jahrtausenden sagen sie: Das Fasten öffnet die

Herzen. Europäisch ausgedrückt: Liebe geht durch den Magen. Aber nur, wenn er nicht den Weg versperrt.

Zum Nachtisch noch ein Tip, wie man sogar Geschäfte, die schon gegessen scheinen, wiederbeleben kann.

Dessert

Das Erfolgsrezept – für alle, die Geschmack an Gesundheit finden.

Wenn Sie sich von dem Kapitel "Raum und Form" inspirieren lassen, werden Sie sich bald in einem wunderschönen Unternehmen befinden, in dem Sie am liebsten Tag und Nacht sein würden. Durch Ihre schöne neue Kantine und den neuen vollwertigen Essensplan wird auch die Flucht ins Restaurant wegfallen. Gönnen Sie Ihrem Besucher deshalb nicht nur einen Blick in die Kantine, sondern laden Sie ihn zum Essen ein. Das ist zwar nichts Besonderes, bemerkenswert ist jedoch Ihre geschickte zeitliche Strategie, mit der Sie zu Tisch bitten – nämlich genau dann, wenn die wesentlichen Informationen ausgetauscht sind und die ersten Verhandlungsrunden schwerfällig begonnen haben. Langsam wird alles komplizierter. Die Pole kommen sich kaum näher, denn jeder verharrt starrsinnig auf seiner Position. Die Verhandlung geht in die schwerste Phase, die jeder am liebsten direkt überspringen würde, man muß Informationen mühsam aus der Gegenseite herauspressen, und das kann sich in die Länge ziehen..., aber da, wie von Geisterhand, kommt Ihre Sekretärin herein und teilt mit, daß das Essen angerichtet ist.
Strahlende Gesichter. Jeder ist froh, die anspannende Atmosphäre an einen anderen Tisch zu verlegen. Dieser Tisch wird nun von Ihnen, ohne daß Ihr Besucher etwas davon merkt, zum eigentlichen Verhandlungstisch. Man läßt sich Zeit. Man redet über ganz andere Dinge, die Frau, den Hund, die gemeinsamen Hobbys. Dann kommt mit dem Feldsalat mit Pinienkernen und Kartoffeldressing der Geschmack auf den Plan. Fairerweise setzen Sie Ihrem Gegenüber nichts Fettes und schwer Bekömmliches vor – denn auch Sie müßten darunter leiden. Jetzt sind Gefühl und Urteilsvermögen erst einmal scharf darauf, das Essen zu beurteilen – und es ist natürlich "köstlich!". Auch die Steinbutt-Paupiette mit Jakobsmuschelschaum auf Kerbelsauce ist ein Renner.
Wenn die Geschmacksagenten im Körper nun einmal alarmiert sind, dann kommen Sie gerade in der Genußphase, also zum Papaya-Mousse auf rosa Grapefruitsauce, langsam wieder auf den Punkt. Jetzt sind Sie genauso relaxt wie Ihr Gegenüber, aber bei weitem nicht schlapp! Inzwischen ist die anstrengende Sitzungsatmosphäre entschwunden, man redet offener, netter und freier miteinander.
Der Geschmack hat nämlich noch etwas in petto. Er beurteilt nicht nur die Qualität der dargebotenen Speisen, sondern hat auch den Bauch geweckt. Der freut sich, daß er nicht aufgrund von Überbelastung in Streik treten muß, und beschließt, an den restlichen Verhandlungen teilzunehmen.
Fazit: Beim Essen werden die Entscheidungen aus dem Bauch heraus gefällt. Und das ist, wie wir gesehen haben, unter den richtigen Umständen äußerst bekömmlich. Ihr Partner und auch Sie haben ein wesentlich besseres Gefühl bei der Sache. Und was anschließend am Konferenztisch noch beschlossen wird, sind reine Formalia.

Die Frictions Material Division (FMD) in Leverkusen ist zum weltweit größten Hersteller und Lieferanten von Brems- und Kupplungsbelägen avanciert.

Nahezu 80 Prozent aller Autofahrer dieser Welt steigen vor jeder Kreuzung in eine Bremse dieses Unternehmens.
In den vergangenen 20 Jahren kamen die entscheidenden Abschlüsse zwischen der Firma und den internationalen Automobilherstellern zustande. Hans Siersleben, ehemaliger Chief Executive von Europa, griff dabei immer zu seinem ganz privaten Erfolgsrezept. Die Herren aus aller Herren Länder, die sich in Leverkusen die Klinke in die Hand gaben, lud der Hobbykoch vorzugsweise direkt zum Essen ein. Zu diesem Zweck stehen ein exklusives Kasino und ein gestandener Meister der Haute Cuisine zur Verköstigung bereit. Das Mittagessen wurde im Laufe der Zeit in einem solchen Maße kultiviert, daß sich das "Kasino Leverkusen" nicht nur schnell in der Branche herumsprach – meistens blieb sogar der Konferenzraum leer, und die Abschlüsse wurden irgendwann zwischen dem Lachsschaum im Chicoréemantel und dem Maisgries-Soufflet mit frischen Feigen abgewickelt. "Die wichtigsten Entscheidungen fielen bei uns nicht am Arbeitstisch, sondern im Kasino", resümiert Siersleben. Das ist eben die sanfte Art, andere über den Tisch zu ziehen.

Hier noch einmal die wichtigsten Ernährungstips für Manager:

1. kein fettes Fleisch

2. viel Rohkost

3. möglichst alles aus biologischem Anbau

4. als Zwischenmahlzeit Obst

5. keine Produkte mit Zucker

6. täglich zwei Eßlöffel rohes Getreide, geschrotet im Müsli oder gekeimt

7. wenig Fett

8. keine erhitzten Fette

9. immer in Ruhe essen

10. zweimal im Jahr 10 Tage fasten

Sie dachten gesunde Kost ist langweilig?

Die Rezepte zu diesen und anderen leckeren Augen- und Magenschmäusen finden Sie in: Willrich, Christian: TopKorn. Vollwertrezepte der feinen Art – frisch und mit Biß. München 1988.

Hauschka, Rudolf: Ernährungslehre. Frankfurt am Main [4]1983

Kollath, Werner: Getreide und Mensch – eine Lebensgemeinschaft. Bad Homburg 1977.

Wendt, Lothar: Gesund werden durch Abbau von Eiweißüberschüssen. St. Georgen [2]1981.

Gehirn und Intelligenz

Der Geist schläft.
Man muß ihn ständig
wecken.

Georg Friedrich Wilhelm Hegel

"Ich sah die besten Köpfe
meiner Generation –
ausgemergelt,
hysterisch, nackt."
Allen Ginsberg

Vom Superhirn zum Wissensnavigator – Wie man den Verstand zur Vernunft bringt

Ein amerikanischer Soziologe macht eine empirische Untersuchung zum Thema "Intelligenz". Er will herausfinden, ob verschiedene soziale Schichten unterschiedliche Denkweisen haben. Dieser Mann wählt zwei Gruppen aus, die sich weder im Hellen noch im Dunkeln besonders oft begegnen – und wenn, so kommt es meistens zu Auseinandersetzungen. Eine elitäre Gruppe junger Harvard-Absolventen und eine Gang von Mittzwanzigern aus dem New Yorker Stadtteil The Bronx stehen sich gegenüber. Beiden wird dieselbe Frage gestellt: Wie denkst du über Gott?

Zunächst ein Herr der Harvard-Fraktion. "Gott ist die höchste Instanz der abendländischen Kulturreligionen und wird als jenes Wesen aufgefaßt, das die Erde, die Natur und den Menschen geschaffen hat. Gott ist das einzig vollkommene Wesen und wird als solches in Religionen wie dem Christen- oder Judentum verehrt. Gott tritt aber auch in anderen Religionen auf, immer als Einzelwesen, so zum Beispiel im Islam als Allah." Schön und gut. Nochmals die Frage: Was denkst du über Gott?

Jetzt ist ein junges Gangmitglied aus der Bronx dran. Das Mikrophon ist geöffnet, doch zunächst herrscht Schweigen. Dann beginnt der Mann, der schon aufgrund seiner

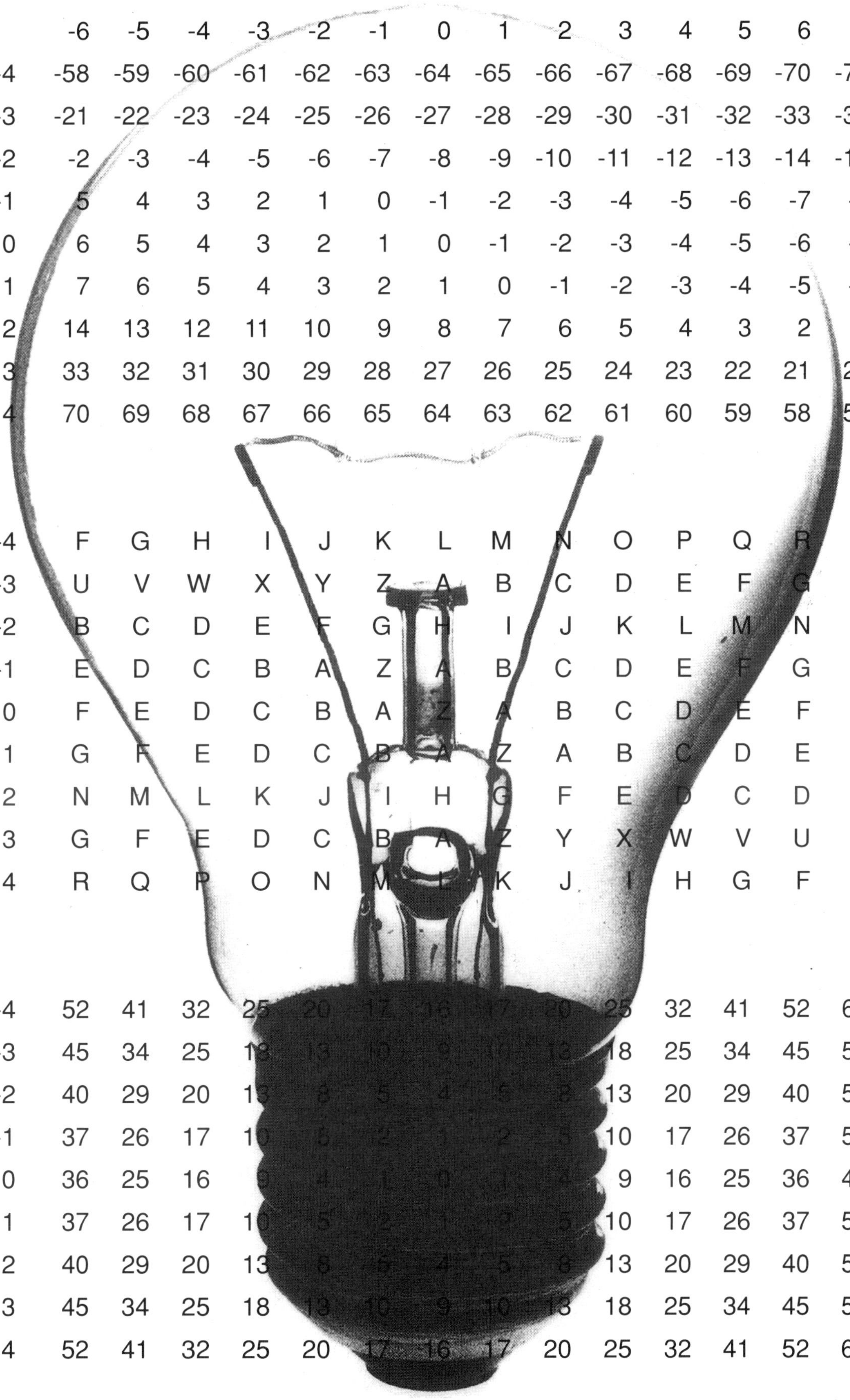

	-6	-5	-4	-3	-2	-1	0	1	2	3	4	5	6	7
-4	-58	-59	-60	-61	-62	-63	-64	-65	-66	-67	-68	-69	-70	-71
-3	-21	-22	-23	-24	-25	-26	-27	-28	-29	-30	-31	-32	-33	-34
-2	-2	-3	-4	-5	-6	-7	-8	-9	-10	-11	-12	-13	-14	-15
-1	5	4	3	2	1	0	-1	-2	-3	-4	-5	-6	-7	-8
0	6	5	4	3	2	1	0	-1	-2	-3	-4	-5	-6	-7
1	7	6	5	4	3	2	1	0	-1	-2	-3	-4	-5	-6
2	14	13	12	11	10	9	8	7	6	5	4	3	2	1
3	33	32	31	30	29	28	27	26	25	24	23	22	21	20
4	70	69	68	67	66	65	64	63	62	61	60	59	58	57

-4	F	G	H	I	J	K	L	M	N	O	P	Q	R	S
-3	U	V	W	X	Y	Z	A	B	C	D	E	F	G	H
-2	B	C	D	E	F	G	H	I	J	K	L	M	N	O
-1	E	D	C	B	A	Z	A	B	C	D	E	F	G	H
0	F	E	D	C	B	A	Z	A	B	C	D	E	F	G
1	G	F	E	D	C	B	A	Z	A	B	C	D	E	F
2	N	M	L	K	J	I	H	G	F	E	D	C	D	E
3	G	F	E	D	C	B	A	Z	Y	X	W	V	U	T
4	R	Q	P	O	N	M	L	K	J	I	H	G	F	E

-4	52	41	32	25	20	17	16	17	20	25	32	41	52	65
-3	45	34	25	18	13	10	9	10	13	18	25	34	45	58
-2	40	29	20	13	8	5	4	5	8	13	20	29	40	53
-1	37	26	17	10	5	2	1	2	5	10	17	26	37	50
0	36	25	16	9	4	1	0	1	4	9	16	25	36	49
1	37	26	17	10	5	2	1	2	5	10	17	26	37	50
2	40	29	20	13	8	5	4	5	8	13	20	29	40	53
3	45	34	25	18	13	10	9	10	13	18	25	34	45	58
4	52	41	32	25	20	17	16	17	20	25	32	41	52	65

Herkunft und des Stadtteils, in dem er zu Hause ist, als minderbemittelt betrachtet wird: "Gott? Ich weiß nicht, ob es ihn gibt. Hier, wo ich lebe und aufgewachsen bin, bekommst du meistens etwas anderes zu spüren als das, was ein Gott predigt: Liebe, Hoffnung und so. Meistens das Gegenteil. Ich weiß nicht, ob Gott jemals hier war, aber ich bin mir sicher, daß er sich hier nur schwer zurechtfinden würde. Meine Mutter war sehr gläubig, aber ich habe immer sehr gezweifelt." Soweit die Fakten. Frage:

Wer ist der Dümmere?

Wenn wir ehrlich sind, erkennen wir uns in der Antwort des Harvard-Absolventen eher wieder als in der des Gangsters. Wäre ja auch noch schöner...

Die beiden Befragten haben vollkommen unterschiedlich geantwortet. Jeder so, wie es ihm anerzogen wurde und so, wie ihn seine Umgebung prägte. Der eine schaltet seine "Gott"-Diskette ein und legt einen sauberen Katechismus hin, bei dem ihm jeder Träger des Zölibats zufrieden auf die Schulter geklopft hätte. Brav gemacht, setzen. Unser Jungkrimineller dagegen hat wahrscheinlich nie eine Schule von innen gesehen und steigt durch das Hinterfenster auf die Frage ein: Er kommt ins Grübeln. Er bezieht die Frage nicht auf sein Fremdwissen, sondern auf sich selbst. Er spricht aus, was er über Gott denkt – nicht was ihm zu Gott einfällt. Das ist der kleine Unterschied zwischen Wissen und Denken. Die Intelligenz zieht die Trennungslinie.

Der junge Herr aus dem Norden New Yorks weiß zwar nicht viel, kann sich aber trotzdem einen Reim machen. Der gebildete Herr aus Boston hat zwar alles im Kopf gespeichert, kommt aber gar nicht auf den Gedanken, sein Wissen auf die Denkplatine zu kopieren. Der eine weiß und denkt nicht, der andere weiß nicht und denkt. Intelligenz? Gewußt wie!

Wir sind alle kleine "Rain Men"

Kaum ein Film hat in den vergangenen Jahren so viele Zuschauer fasziniert wie der Spielfilm "Rain Man". Dustin Hoffman spielt hier die Hauptrolle, und die Geschichte handelt von einem Autisten und seinem Bruder. Vielleicht ist der große Erfolg dieses Films darauf zurückzuführen, daß wir uns mit beiden Brüdern ein wenig identifizieren können. Beide sind auf ihre Art verrückt. Der eine sitzt in der Anstalt und lernt Telefonbücher auswendig, der andere macht sich mit seinen wahnwitzigen Yuppie-Gebärden kaputt.

Rain Man trägt den Kopf immer nach links gebeugt. Seine linke Gesichtshälfte ist voll ausgebildet. Seine rechte ist verkümmert.

Unser Gehirn ist in zwei Hemisphären geteilt. Die linke bestimmt unser begriffliches Denken. Wir nutzen sie zum Sprechen, Lesen, Schreiben, zum Analysieren, logischen Ordnen und um Informationen hintereinander zu verarbeiten. Die rechte Hemisphäre in unserem Kopf flippt dagegen ganz gerne mal aus. Sie ist gefühlvoll, intuitiv veranlagt, dynamisch, überblickt die Dinge, anstatt sie zu analysieren, und hat als Hobby die Kunst, die Musik, den Tanz und andere schöne Dinge. Die rechte Hemisphäre hat die Idee, ist aber meistens "arbeitslos". Sie schafft Kreativität und führt Entscheidungen herbei, und wir lassen sie meistens links liegen, weil sie in unseren Brain-Sitzungen vor der Tür bleibt.

Und deswegen sind wir Büro- und Haushaltsdenker alle kleine Autisten. Wir dürfen die rechte Hemisphäre nur selten in Betracht ziehen. Wir müssen korrekt sein und denken daher immer in Zahlen. Wir müssen analysieren und sind immer ganz schnell, wenn es zu beweisen gilt, daß etwas nicht geht, anstatt zu überlegen, was gehen könnte. Wir können es uns zeitlich selten erlauben, uns einen Überblick zu verschaffen und visionäre Gedanken zu entfalten. Wir gucken angeblich immer nur geradeaus und merken gar nicht, wie der Kopf immer mehr nach links fällt. Eine linke Sache. Wenn wir uns jedoch nur linksaußen auf dem Spielfeld unserer Entscheidungen bewegen, dann verhalten wir uns so wie Rain Man, als er als Dreißigjähriger zum ersten Mal in seinem Leben von einer Frau geküßt wird.
Seine Reaktion nach dem ersten Schmatz:

"Das ist Küssen?"

"Ja. Wie war es?"

"Naß."

Strengste Logik ist der Untergang aller Gefühle. Rain Man kann die Dinge rational-logisch erfassen. Er ist Weltmeister im Auswendiglernen. Er kann aber leider nicht das geringste davon umsetzen. Die Funktion seiner rechten Gehirnhälfte ist ausgeschaltet! Stellen Sie sich vor, Ihr Management bestände nur aus Autisten. Jeder würde aufgenommene Daten wahrnehmen, in Kategorien erfassen und bis in alle Ewigkeit verwalten. Bringt Sie das ein Stückchen weiter? Die Ideen verschwinden in der Ablage. Sie erkennen, daß das Management immer Gefahr läuft, sich in diese Richtung zu bewegen. Wenn es dann nur noch aus Kopfnickern besteht, liegt der Betrieb lahm.

Werfen Sie also Ihren Kopf nach rechts! Dort liegt alles, was sich in Ihren Vorstellungen, Phantasien und kühnsten Träumen zusammengebraut hat, um eines Tages irgendwie zur Geltung zu kommen. Die Utopie, von der wir leben, besteht aus Intellekt und Gefühl. Sie ist das Getriebe des Betriebes.

Unsere Bildung ist kopflos

Intelligenz ist nicht eine Frage der Bildung, sondern der Mißbildung. Wir sind alle nach dem Aufsagen-setzen-Prinzip erzogen worden. Mit dem Eintritt in die Schule haben wir erst einmal gelernt, daß Lernen weh tun muß. Bei uns heißt Lernen Trennung von Erfahrenem, und das tut in der Tat weh. Lernen gleich Leiden. Qualität kommt von Qual. Was leicht ist, kann nichts sein. Unter diesen Maximen stehen wir dreizehn Jahre lang viel zu früh auf, um uns von 8 Uhr morgens bis 13 Uhr mittags Sachen in den Kopf einhämmern zu lassen, die unsere Selbsdisziplin fördern und uns zu "abgehärteten" Bildungsprofis machen. Und irgendwann stehen wir da, mit dem Abitur in der Hand, und die Hälfte ist schon wieder vergessen. Aber das macht nichts: Hauptsache, wir haben den Bildungsausweis in der Tasche. Schon die katechistischen Abhörprinzipien, die uns tief in den Knochen stecken, geben den Wissensvorrang preis. Ob jemand auch denken kann, interessiert höchstens die Deutschlehrer. Oder die Psychologen.

In Amerika erliegen die Jugendlichen bereits dem "Wissensschicksal". Pseudowissen ist gefragt. Die meisten Studenten kann man zwar mit Wissen vollstopfen, aber die wenigsten können es überhaupt umsetzen – durch Denken zum Beispiel. Unser Beispiel hat es gezeigt. Gerade an den Renommieruniversitäten sind reines Wissen und Auswendiglernen besonders gefragt. Das kreative Denken verkümmert. Reines Diskettenwissen ist angesagt. Eine Folge davon sind die enormen Schwierigkeiten, die ein Unternehmen bei der Suche nach wirklich kompetenten Leuten hat. Die Schlauberger von gestern sind die Verlierer von heute. Sie sind nicht nur nach dem Schlauheitsprinzip erzogen worden, sondern auch dazu, Lernen und Begreifen auszuschalten. Denn schließlich machen wir uns alle gegenseitig vor, ganz besonders klug zu sein. Wer gibt schon zu, daß er von der Materie nichts versteht und darüber erst etwas erfahren muß?

Der eklatante Unterschied zwischen Harvard und Bronx ist typisch für unseren globalen Bildungsstand. Besonders in den Vereinigten Staaten wird die Diskrepanz zwischen den starren Herren der Ivy League (Harvard/UCLA und Konsorten) und den dynamischen Computerhirnis immer größer, zum Leidwesen der Renommieruniversitäten: Einerseits kann man die Schüler kaum noch belehren, andererseits spucken sie auf Knopfdruck ihre ganze lexikalische Speicherung aus. Wer wirklich etwas lernen will, sitzt zu Hause am Computer. Das Denken fehlt an den Universitäten. Die Intelligenzbestien aus gutem Hause sind Autisten geworden. Die "Eggheads" kommen selten auf Entscheiderposten. Und wenn doch, richten sie oftmals Unheil an. Deshalb sitzen in der Politik und im Management eher die "Tough Guys" als die Experten.

Die Deutschen haben noch eine weitere Variante im Spiel: Sie haben gerne recht. Wer recht hat, ist oben. Durch informelles Konkurrenzdenken hat so mancher schon sein Schäfchen ins trockene gebracht. Wir spielen unser Wissen nur dann aus, wenn es sein muß. Sonst geht alles, was wir uns erdacht, in das Kapital des anderen über.

Allein neue Gedanken regen zum Denken an. Im allgemeinen führt ein Gedankenaustausch immer zu einem Resultat. Kongeniales Denken ist selten. Statt dessen gibt es Besitzdenken, Hierarchiedenken, Konkurrenzdenken, Beamtendenken. Wir bräuchten diese Muster nicht. Denken heißt, gerade diese Muster zu überdenken und sich dadurch von ihnen zu befreien. Es sind die Muster, in denen wir uns unbewußt bewegen, bis eines Tages der Verstand zur Vernunft kommt. Falsche Denkmuster können uns Kopf und Kragen kosten. Selbsterkenntnis ist der erste Weg zur Besserung. Wir müssen die Schablonen in unseren Köpfen erkennen, um sie auszubauen und wegzuschmeißen, denn...

Denken heißt flexibel bleiben

Unsere Pauker-und-Klopfstock-Tradition hat allerdings ihren guten Grund: Immerhin entsteht dadurch ein Gesellschaftssystem, das auf gegenseitiger Konkurrenz, Ausschaltung und Übervorteilung beruht. Wer etwas gelernt hat, vermittelt es nicht. Im Gegenteil: Er verbirgt es vor den anderen. Dieses geistige Besitzdenken fördert die Geheimniskrämerei, aus der dann jeder sein kleines Erfolgsrezeptchen schmiedet. Bisher hat das mit Feuerzangenbowlen-Mentalität ganz prima geklappt. Aber bald wird das nicht mehr funktionieren. Keiner kann es sich noch erlauben, in "geistigen Schlaghosen" herumzulaufen. Die gesellschaftlichen und ökonomischen Enwicklungen verändern sich so schnell, daß wir im Kopf am Ball bleiben müssen. Heute müssen wir flexibel sein, schnell von Schablonen abrücken und auf neue Muster "umschalten" können!

Lernen – ein Kinderspiel

Mit uns wächst eine Generation heran, die wieder auf ihre Kindheit zurückgreift und die verlorene Unschuld des kindlichen Begreifens sucht. In der Kindheit waren wir spontan, unmittelbar und haben gelernt. Lernen war für uns ein Kinderspiel. Weder Prozesse des Abhärtens und Gehorchens noch des Leidens und der schlechten Erfahrungen waren nötig, sondern allein die Neugier dieser "Weltneuheiten" namens Kinder sorgt für ein genügendes Maß an Willenskraft. Die Weise, wie wir "damals" gelernt haben, nennt man heute "kreativ".

Kreative Intelligenz ist der Sieg über die beschränkte Schlauheit. Wenn bei den "Eggheads" die Köpfe rollen, haben diejenigen Erfolg, die im wahren Sinne des Wortes "sich etwas dabei denken". Intelligenz ist reine Provokation, geradezu eine Unverschämtheit, weil sie Quer- und Schrägdenkern den Freischein gibt, den das Management braucht! Gleichzeitig kann sie jedoch dazu benutzt werden, Sachverhalte klar und verständlich zu machen. Wir müssen nur bereit sein, unsere Information weiterzugeben. Wenn wir einsehen, wie produktiv es ist, Wissen zu verknüpfen und weiterzugeben, haben wir schon viel gewonnen. Nichts ist schöner und fruchtbarer als ein Dialog. Nichts ist erfolgreicher als ein "geistreiches Gepräch", bei dem jeder Teilnehmer hinterher ein angenehmes Gefühl von Bereicherung hat.

Wie lernt man kreativ?

Es gibt viele Prozesse des Denkens. Im primitiven Stadium nehmen wir etwas sinnlich auf. Ich sehe diese Blume mit ihren Farben und Formen. Jetzt habe ich sie bereits wahrgenommen. Jetzt schließe ich auf ihre Gattung und Herkunft. Jetzt merke ich, daß sie dringend Wasser braucht. Und jetzt fällt mir ein, daß ich diese Blume eigentlich verschenken könnte, um jemandem eine Freude zu bereiten! Sie merken: Eines folgt aufs andere. Durch Denken schließen wir auf etwas. Das Denken wird "bewegt": Ein Wort gibt das andere, das Ganze ergibt einen Sinn.

Stellen Sie sich eine Ihrer Sitzungen vor: Wieviel Information wird ausgetauscht? Wie lange darf man frei, assoziativ denken, ohne Rücksicht auf Zahlen und Daten? Wie oft finden Dialoge, Diskussionen statt, die nicht zu einer sofortigen Entscheidung führen, sondern dem freien Denken Raum und Zeit geben?

Im Kreativen Haus sind Ihnen keine Grenzen gesetzt. Hier dürfen Sie mal. Hier besteht aber auch eine Ausnahmesituation. Bei uns treffen sich deutsche Manager fernab von den Großstädten, um die Distanz zu ihrem Alltag bewußt zu suchen. Und dafür bezahlen sie.

Wir sind immer wieder erstaunt, wie manche Leute über die Starrheit in ihrem Unternehmen klagen und in den Spiele-Seminaren zu kreativen Höchstleistungen fähig sind. Was in unseren Meetings manchmal an phantastischen Ideen und Energien freigesetzt wird, fällt bei "normalen" Konferenzen meist unter den Tisch. Muß das sein? Wir glauben nicht. Sie sollten kollektive Denkprozesse fördern, die das Denken verstärken. Zum Beispiel so:

Köpfchen, Köpfchen...es steht viel auf dem Spiel!

Ihr Kopf wehrt sich gegen unsere unverschämten Behauptungen, denn von autistischen Erziehungsprinzipien macht man sich nicht von heute auf morgen los. Doch testen Sie sich selbst! In ihrem Buch *Stroh im Kopf?* entwickelt Vera F. Birkenbihl folgendes Experiment. Wir liefern Ihnen einen Satz, der einen Vorgang beschreibt. Versuchen Sie, diesen Vorgang auswendig zu lernen. Gucken Sie dabei auf die Uhr, und stellen Sie fest, wie oft Sie den Satz gelesen haben...

EIN ZWEIBEIN SITZT AUF EINEM DREIBEIN UND ISST EIN EINBEIN. DA KOMMT EIN VIERBEIN UND NIMMT DEM ZWEIBEIN DAS EINBEIN. DA NIMMT DAS ZWEIBEIN DAS DREIBEIN UND SCHLÄGT DAS VIERBEIN.

Alles klar? Gut, dann können Sie sich bestimmt in einem der beiden Resultate wiedererkennen:

A

"Ich habe den Satz sehr schnell gelernt. Ich habe ihn ein- bis zweimal durchgelesen."

In diesem Fall können wir davon ausgehen, daß Sie sich ein Bild von dem Vorgang gemacht haben. Um aus den Vielbeinern schlau zu werden, hat Ihre rechte Hälfte Vergleichsmöglichkeiten angeliefert, mit denen Sie die ganzen Beine auseinanderhalten können. Das Einbein ist zum Beispiel ein Knochen, das Zweibein ein Mensch, das Dreibein ein Hocker und das Vierbein ein Hund, der Ihnen den Knochen stiehlt. Sie sind nicht nur ein Kombinationsgenie, sondern können diesen Vorgang in einem halben Jahr sicherlich genauso rekurrieren wie in fünf Minuten!

B

"Ich hatte Probleme und mußte den Satz öfter als dreimal durchlesen."

Sie sind mit einem Haufen Buchstaben und "Beinern" konfrontiert worden. Das ganze war für Sie ein Labyrinth, das Sie nach intensivem Studium versucht haben, in Kategorien einzuteilen, also regelrecht zu "pauken". Das strengt an. Die Paukerei kennen Sie aus der Schule. Und genauso haben Sie es eben gemacht. Sie haben allerdings nicht nur Ihren logischen Verstand belästigt, sondern auch Ihr Vorstellungsvermögen ausgeschaltet bzw. gar nicht zum Zuge kommen lassen. Wie A zeigt, hätte das aber sehr hilfreich sein können.

Digital – Analog – Dialog!

Was lernen wir also aus diesem schönen Beispiel? Die rechte Gehirnhälfte kann eine wichtiger Agent sein. Sie hat für die linke immer ein paar Tricks auf Lager, mit denen sie einen Sachverhalt viel schneller klarmachen kann. Dies ist nicht nur nützlich für das Begreifen, sondern auch für das Verständnis anderen gegenüber. Wie herrlich ist es, Menschen zuzuhören, die neben einem klaren Verstand auch noch die Fähigkeit haben, die Vorstellungen und Bilder aus der rechten Hälfte ihres Gehirns zum Ausdruck zu bringen! Sie sprechen in Bildern, und jeder weiß, was sie meinen. Statt knochentrockenem Beamtendeutsch hätten wir eine klare, fließende und spannenden Kommunikation!

Noch mal zurück zu unserem Beispiel: Bei Fall B lernen wir digital. Wir haben ein Ding vor Augen und versuchen es auf eindimensionalem Weg im Gedächtnis zu behalten. In Fall A lernt man analog. Man stellt sich analog zum Sachverhalt ein Bild vor, in dem der Sachverhalt transparent vor Augen erscheint. Dort können wir ihn geistig fotografieren und ins Archiv stecken, aus dem wir ihn jederzeit wieder hervorkramen können. Denn: Bilder lassen sich leichter behalten als Worte.

Die absolute Steigerung des ganzen ist der Dialog. Wenn man einen Menschen hat, mit dem man sich in denselben Gedankenbahnen befindet, bewegt man sich im Zwiegespräch ständig fort. Die Technik des Dialoges ist eine Schiffsschaukel des Denkens. Man schaukelt sich gegenseitig in geistige Höhen.

Wird die Dialogform kultiviert, kommen nicht nur so schöne Dinge heraus wie Platons Rede-Antwort-Werke, sondern auch eine Unternehmenskultur wie die des Computerherstellers Apple. John Sculleys Geheimrezept war es, sich stundenlang mit Leuten wie Steve Jobs und Alan Kay über Gott, die Welt und Computer zu unterhalten. Daraus schöpfte er seine Kraft und dadurch gelang es ihm, mit quasi "philosophischen" Innovationen das kreative Potential der Menschen herauszufordern und "schlafende Geister" zu wecken.

"Wir gewöhnten uns mit der Zeit an, uns in bildhaften Ausdrücken und Metaphern auszudrücken. Das spornte unseren Intellekt und unsere Phantasie ungemein an. Wir konnten uns viel bessere Vorstellungen von dem machen, was wir eigentlich erreichen wollten."

Eines hat John Sculley dabei auch gelernt: sich und sein Wissen preiszugeben. Wäre Wissen und Denken "gehortet" worden, wäre ein Unternehmen wie Apple nie zustande gekommen. Solches Vorgehen ist nur destruktiv und verdirbt den Umgang miteinander. Machen Sie Schluß mit der Geheimniskrämerei!

Je mehr wir in ein telekommunikatives Zeitalter rücken, desto mehr Wissen wird für alle verfügbar sein. Irgendwann ist es dann soweit, daß die Menschen einsehen, daß es mehr Zweck hat, sich gegenseitig analog und dialog mit Wissen zu nähren, als das ewige Streberprinzip zu verfolgen und den anderen nicht von sich abschreiben zu lassen. Was soll das? Durch Wissen-Geben und kreatives Lernen werden wir im nächsten Jahrtausend nicht nur die Kommunikation, sondern vielleicht auch die Erde retten.

Intelligenz für alle!

Interessanterweise haben viele Leute auf entscheidenden Posten keine klassische Universitätsausbildung "genossen". Apple-Philosoph Alan Kay zum Beispiel. "Die Universitäten, die mir heute einen Professorenstuhl anbieten, hätten mich früher als Student nie zugelassen", erzählt der Kalifornier grinsend.

Sein entscheidender Beitrag zu den achtziger Jahren war die visionäre Entwicklung "normaler" Bestandteile der Bürokommunikation, wie etwa der Maus. Alan Kay ist eine Art Computer-Einstein. Dieser Mann will uns gegen Ende der neunziger Jahre den Computer des nächsten Jahrtausends vorstellen, den "Knowledge Navigator". Mit ihm werden wir alle Möglichkeiten der Wissensbeschaffung ausschöpfen können, denn er navigiert uns durch sämtliche Bibliotheken der Welt, gibt Antwort auf unsere Theorien und spricht sogar mit uns. Wir werden dann also nicht mehr stur vor einem Terminal hocken und müssen Befehle eingeben, sondern uns in den Navigator "setzen" und durch die Sphären der globalen Erkenntnisse "fahren". Ist das nicht eine wunderbare Vorstellung? Wenn jeder Mensch gleichermaßen Zugang zur Information hat, werden wir bereit sein, unser Wissen anderen zu vermitteln, um voneinander zu lernen – kreativ wohlgemerkt!

Alan Kays "Knowledge Navigator" ist kein Instrument der Beherrschung, sondern der Vereinfachung. Denn: je simpler die Abläufe, desto besser die Vermittlung.

Komisch, daß ausgerechnet dieser Mann, der unsere Informationsgesellschaft umkrempeln will, eine ganz besondere Vorstellung von Kooperation hat. Um möglichst fließende Informationsabläufe im Computer zu simulieren, verlegt er sich mit seinem 300köpfigen Team auf den kreativen, spielerischen Umgang mit dem Gerät. Gerade in diesem Genre zeigt sich, daß man mit Auswendiglernerei nicht weiterkommt. Durch unmittelbare und analoge Verhaltensweisen macht er sich den Computer zum Freund und wird mutmaßlich für die nächste informelle Revolution sorgen, die uns (hoffentlich) von den scholastischen Prägungen unserer Lernkultur befreit. Wie man die Unmittelbarkeit der Intelligenz und die alte Lerntradition gleichzeitig herausfordern kann, lebt uns der knapp Fünfzigjährige beispielhaft vor. Sein Büro ist meistens der kalifornische Strand, und sein kreativer Mitarbeiterstab besteht aus Kindern.

Weiterführende Literatur

Capra, Fritjov: Wendezeit. Bern, München, Wien 1983.

Deeschen, Karl-Heinz/Gieraths, Jochem: Philosophie der Technik. Die Technikdiskussion in der Philosophie des 20. Jahrhunderts. München 1982.

Minsky, Marvin: Mentopolis. Stuttgart 1990.

Kant, Immanuel: Kritik der reinen Vernunft. Frankfurt am Main 1984.

Searle, John R.: Geist, Hirn und Wissenschaft. Frankfurt am Main 1986.

Meirovitz, Marco/Jacobs, Paul J.: Fitnesstraining für Denker. Ein Programm zur Verbesserung Ihres Denkvermögens durch Spiele. Köln 1989.

Irritation

"Warum?"

(Generalstabsfrage eines betagten Managements)

"Warum nicht?"

(Generalstabsfrage eines jungen Managements)

Das Kreative Haus
in Worpswede

Winter 1989 in der Tschechoslowakei. Der Staatsbesuch des deutschen Bundespräsidenten steht auf dem Programm. Eine ernste Sache angesichts der revolutionären Stimmung zu dieser Zeit, in diesem Lande. Nach einem langen, harten Tag der Gespräche und Konferenzen ist man zu Lösungen gekommen, mit denen jeder leben kann. Was die dpa am Abend den deutschen Pressestellen an Material liefert, wirkt auf viele zunächst schockierend. Die meisten Zeitungsredakteure amüsieren sich jedoch kurze Zeit später mehr oder minder über diesen kleinen "Streich" und beschließen, das Foto zu veröffentlichen. Am nächsten Morgen hat die Bundesrepublik gut lachen: Auf den Titelseiten der deutschen Tageszeitungen sieht man den Herrn Bundespräsidenten bei einer Schneeballschlacht mit anderen wichtigen Würdenträgern.
Hintergrund: Während der Verhandlungen begann es draußen zum ersten Mal in diesem Winter zu schneien. Als von Weizsäcker und seine Mannschaft in einer Pause durch den frischverschneiten Park flanierten, kam plötzlich in hohem Bogen ein Schneeball angeflogen, der den ersten Mann im Staate genau in Kapuzenhöhe traf. Absender war sein grinsender Sekretär. Richard, sonst als "Mann mit dem Heiligenschein" bekannt, setzte voller Würde seinen Lederkoffer ab, nahm etwas Schnee in die Hände, formte diesen zu einem Ball und entfachte mit bübischem Grinsen unter dem Schock der Gastgeber eine ordentliche Schneeballschlacht. Auch ein Bundespräsident muß sich mal ausleben.

Wie sich bald herausstellt, hat sich Herr von Weizsäcker da keinen Zacken aus der Krone gebrochen. Im Gegenteil: Er hat Format bewiesen, Charme versprüht und bei "seinem Volk" Sympathiepunkte errungen. So ein Bundespräsident, so wunderbar wie heute, das hat man schon lange nicht mehr gesehen!

Die Geste macht's eben. Es kommt nur darauf an, welche. Es gibt gewöhnliche und ungewöhnliche Gesten. Statt des Fotos vom üblichen Händeschütteln unterm Kristallleuchter im Regierungspalast hat ausnahmsweise ein geschickter PR-Mensch ein außergewöhnliches Bild vom Präsidenten geschossen. Vielleicht hat ihn von Weizsäcker sogar selbst dazu veranlaßt. Auf jeden Fall kann man nicht behaupten, daß ein Bundespräsident bei der Schneeballschlacht schnell zum Schnee von gestern wird. Dieses Foto hat ein hoher Prozentsatz der Bevölkerung sicherlich länger im Kopf behalten als irgendein Bild vom Parademarsch anläßlich eines Staatsbesuches in einem afrikanischen Kleinstaat.

It's beautiful...it's shocking!

Modezaren lassen ihre Modelle auf den Laufstegen wie Tiere herumkriechen, eine deutsche Automobilfirma läßt zu Aufnahmen mit flitzenden Hasen und brunftigen Hirschen einen schwarzen Trompeter "It's a wonderful world" singen, und jetzt, meine Damen und Herren, weiß spätestens jeder, was die Stunde geschlagen hat: Schock ist angesagt! Erlaubt ist, was gefällt, Hauptsache, es paßt nicht zusammen. Eine deutsche Automobilfirma hat spießig zu sein, ein Model soll bitte schön artig, grazil und männerfreundlich den Laufsteg hinunterstelzen. Wo kommen wir denn da hin?

Wir kommen zu der Erkenntnis, daß auch unser Kopf einen Geschmack hat. Er ist gelangweilt, wenn er alltägliche Dinge wahrnehmen muß. Er freut sich, wenn mal etwas Nettes auf ihn zukommt, und er erfährt Turbulenzen, wenn er etwas nicht einordnen kann. Wahrnehmung, die aufgrund von Irritationen entsteht, wird ganz vorne eingeordnet: Der Verstand kann sie nicht so schnell verarbeiten. Der logisch geschulte Kopf wird sich so lange mit ihr beschäftigen, bis der Schock verkraftet ist. Und das kann dauern.

Es gibt angenehme und unangenehme Schocks. Bei angenehmen Schocks sprechen wir von Irritation. Irritation ist das angenehme Chaos. Irritation schüttelt die Gewohnheit gehörig durcheinander: Sie ist der geistige Elefant im Porzellanladen. Warum Irritation für uns so wichtig ist, erläutert nun unser kleines

Brevier des Erfolgs durch Irritation

1. Was irritiert, das motiviert

Die kleine Abwechslung im Leben, die brauchen wir wie das tägliche Brot. Jeden Tag müssen sich Dinge ereignen, die uns aus dem Gleichgewicht bringen, die mit alten Erfahrungen aufräumen, Weltbilder einstürzen lassen, Menschen von ihrer ungewöhnlichen Seite zeigen. Menschen sind neugierig. Wen gar nichts interessiert, den kann man abhaken. Ein Blick in die Tageszeitung genügt, um die Neugier in gewissem Maße zu befriedigen. Jede Meldung ist ein kleine Störung, jede Schlagzeile ein Zeichen des Unalltäglichen im Alltag. Alles, was seinen gewohnten Gang geht, kann uns nicht aus der Fassung bringen, alles, was unser Bewußtsein aufregt und stört, bringt uns jedoch in Wallung. Das motiviert das Bewußtsein. Es wacht auf und versucht krampfhaft, das aus dem Ritual der Erfahrungen Herausgefallene wieder einzuordnen. Und damit ist es im Falle einer perfekten Irritation erst einmal eine Weile beschäftigt!

2. Irritieren geht über Studieren

Es gibt Menschen, die können aus sich heraus Ideen haben, Kraft sammeln und aktiv irritieren, indem sie Neues produzieren und sich gegen altbewährte Dinge durchsetzen. Die meisten Menschen sind passiv. Sie verhalten sich wie der klassische "Student": Ihre einzige aktive Handlung besteht im Lernen und Kritisieren von Dingen. Es ist leicht, eine Idee kaputtzumachen und durch kritisches Hinterfragen systematisch zu zerstören. Es ist schwierig, Ideen zu haben und den Mut, sie durchzusetzen. Ideen irritieren immer, weil sie ungewohnt sind. Was aber im Bewußtsein noch nicht "wohnt", das findet bei vielen auch nur schwer einen Platz. Die meisten schaffen es nur unter größter Anstrengung, die Leistung eines anderen anzuerkennen oder ihre Begeisterung zu äußern. Was Hänschen nicht lernt, lernt Hans nimmermehr: Irgendwann ist der Punkt erreicht, wo Hans das Gefühl hat, er habe den Stein der Weisen gefunden und müsse deshalb andere ständig korrigieren und ihnen in die Parade fahren. Deshalb muß ein Hanswurst her, der durch Irritation überrumpelt und in der Runde der konformen Ja-und-nein-Sager mal ein bißchen aufmischt!

3. Von der Irritation zur Sensation

Wie aber irritiere ich richtig? Jeder gute Werber kennt die magische Reihenfolge des Verkaufens: Attraktion, Transparenz, Erinnerung, Kaufkraft. Eine Werbung, die nicht irritiert, ist eine schlechte Werbung. Sie kann noch so stimmig sein, und trotzdem wird ihr niemand Beachtung schenken. Jede gute Werbung, jeder Witz durchbricht ein stilles Einvernehmen oder eine Regel der Logik. Der Verstand setzt sie wieder in das richtige Verhältnis. Und dadurch ist ihm diese Regel um so bewußter geworden. Fazit: Alles, was nicht der Regel entspricht, liegt im Terrain der Irritation. Die Regel erkennen, um sie zu durchbrechen, das ist die Devise des erfolgreichen Irritators.

Irritation kennt nur eine Regel: Unheil und Durcheinander stiften. Früh übt sich, wer einen Sport daraus machen will. Normal kann man immer noch werden, frech sein dagegen heißt aktiv sein.

4. Ohne Chaos keine Ordnung

Wenn das Chaos schon mal da ist, dann können andere es beheben. Die Konkurrenz zum Beispiel, die Presse oder die, die sich anfangs maßlos über Ihr Unmaß aufregen. Ordnung muß sein, sagt der Spießer, nachdem er den krähenden Hahn auf dem Dach abgeschossen hat. Ihnen sollte auch ständig daran gelegen sein, den Vogel abzuschießen: allerdings so, daß die Spießer sich darüber ärgern müssen. Zu denken, "der hat sie nicht mehr alle!", ist Ihr größter Ansporn, Ihrer Konkurrenz das nächste rote Tuch zu zeigen.

Wir sind nur dann kreativ, wenn wir an irgend etwas nicht mehr glauben, was vorher selbstverständlich war. Sobald man einen dieser "Glauben" ablegt, muß es andere irritieren. Aber lassen Sie sich davon nicht irritieren: Wer unbeirrt seinen "Irrtum" fortsetzt, wird eines Tages an das Licht der Wahrheit kommen. Wenn Sie Ihre Spinnereien rechtzeitig patentieren, müssen Ihre Spötter später dafür zahlen, und schließlich ist die Ordnung wiederhergestellt. Eine faire Rechnung.

5. Gewohnheit ist Tod

Der Mensch legt sein Leben in Rituale fest. Im Ritual wird die Zeit eingemeißelt. Je älter man wird, desto mehr Rituale, desto schlimmer, einspuriger, fader wird das Leben, in dem alles seinen festen Platz hat. Alles wiederholt sich, auch das Außergewöhnliche: Geburts- und Feiertage, der Skatabend, die Serie, der Urlaub. Sogar Kurzweil wird schnell zur Gewohnheitssache, wenn man nicht gewisse Änderungen im Ablauf vorsieht.

Gewohnheit ist das unmittelbare Hinnehmen all dessen, was sich aufdrängt. Wenn man jeden Morgen automatisch um sieben aufsteht, um acht im Stau steht und sich um neun zum ersten Male ärgert, dann macht man sich diese kleinen Grausamkeiten auf Dauer gar nicht mehr bewußt. Damit gehen auch die ideellen Ziele verloren. Das Ritual "wohnt" im Bewußtsein. Anlaß genug, um ihm die Kündigung einzureichen.

6. Die doppelte Wahrnehmung

Sehen Sie sich diese Figur an. Was erkennen Sie dort?

Eine Ente?

Oder einen Hasen?

Oder beides?

Wenn Sie beides erkannt haben, dann schauen Sie noch einmal auf die "Hasenente". Jetzt stecken Sie fest: Sie können nicht mehr anders. Sie sehen alle zwei bis drei Sekunden abwechselnd einmal den Hasen, dann wieder die Ente. Stimmt's? Also: Immer, wenn Sie sagen wollen "Das ist ein Hase", da ist es schon wieder eine Ente. Und beides ist wahr. Trotzdem glauben Sie sich zu widersprechen. Wenn Sie diese geistige Turbulenz als solche akzeptieren, haben Sie den wichtigsten Schritt zum Irritator vollzogen. Alles ist wahr. Nichts ist endgültig. Die größten Philosophen haben sich im Laufe ihres Lebens mehrmals widersprochen, manche haben sich sogar von ihrem Frühwerk distanziert. Wenn Sie also kein verbohrter Ideologiestratege werden wollen, akzeptieren Sie das wissenschaftliche Motto unseres Jahrhunderts: Nicht alles, was glänzt, ist wahr.

7. Der Schrecken sitzt tief

Durch Irritation schwächen Sie andere. Machen wir eine Übung. Dazu brauchen Sie einen nichtsahnenden Partner. Er soll beide Arme von sich strecken und Ihrem Versuch, sie herunterzudrücken, Widerstand leisten.
Jetzt gehen Sie langsam auf ihn zu, legen Ihre Hände auf seine Arme, schauen ein wenig zur Seite und versuchen, seine Arme herunterzupressen. Ihr Gegenüber wird sich wehren, aber irgendwann werden Sie's doch schaffen. Oder nicht?

Um auf Nummer Sicher zu gehen, machen wir das ganze noch einmal von vorne. Nur bei diesem Mal bauen wir eine kleine Variante ein: Sie grinsen Ihr Gegenüber an, schauen ihm unentwegt ins Gesicht, plötzlich zucken Sie zusammen und machen mit den Armen eine merkwürdige Bewegung, etwa die eines Karatekämpfers. Erst dann drücken Sie beide Arme Ihres "Gegners" herunter. Dieses Mal werden Sie überhaupt keine Schwierigkeiten haben. Denn Sie haben den anderen mit Gestik und Mimik schon so irritiert, daß er psychisch bereits "fertig" ist.

8. Die Kunst, einen Bruch zu machen

Wie übertragen wir dieses Spiel auf das tägliche Spiel mit der Konkurrenz? Viele Unternehmen machen den Fehler, sich ständig über die Konkurrenz auszulassen und zu bemerken, welche Trottel doch da am Werke sind. Das ist nicht nur anmaßend, sondern auch langweilig. Wenn man solch eine Äußerung gar einem Kunden gegenüber macht, ist es mit dem Geschäft schnell vorbei.

Es ist immer gut, Lob auszuteilen. Jeder, der Sie über Ihre Konkurrenz befragt, erwartet das übliche Geschrei. Eine gute Leistung hat es verdient, anerkannt zu werden. Auch wenn Sie zufällig dasselbe machen. Es lohnt sich deshalb, ein Lob über andere auszusprechen und positiv über sie zu denken. Es sind schon viele Kunden zur Konkurrenz gegangen, obwohl man ihnen vorher erklärt hat, was für ein mieser Laden das ist. Es ist noch nie jemand zur Konkurrenz gegangen, weil man sie lobend anerkannt hat.

Das ist eine diskursive Brechung. Wie bricht man mit visuellen Ritualen? Das schönste Beispiel, das uns einfällt, befindet sich an einem Weinberg. Jahrelang fahre ich immer wieder diese Autobahnstrecke durch die Pfalz, und jedes Mal zucke ich an der gleichen Stelle zusammen. Da steht, wie es die heimischen Weinbauern hierorts zu tun pflegen, mitten im Weinberg der Name "Höllenbrand".

Kein Grund zur Aufregung. Und doch macht mich das ganz verrückt. Es ist ein Schild wie jedes andere, aber ausgerechnet dieser Schriftzug beschäftigt mich jedes Mal aufs neue. Wieso wohl? Viele Kilometer und Jahre später kam die Erleuchtung. "Höllenbrand" gleicht in Schriftart und Farbe einer prominenten Buchstabenfolge, die in den Bergen von Beverly Hills zu sehen ist. Die Aufschrift lautet dort: "Hollywood". Niemals werde ich den Namen "Höllenbrand" vergessen. Da soll nochmal jemand sagen, die Pfälzer seien Hinterwäldler!

Irritieren kann man auch im großen Stil. Jeder Gebrauchsgegenstand hat eine bestimmte Form und Ausdehnung, besteht aus einer bestimmte Materie und verfolgt einen bestimmten Zweck."Form follows function".

Kann man sich etwas Langweiligeres vorstellen?

Im Kreativen Haus herrscht bei Neulingen anfangs eine gewisse Verwirrung. Unbewußt fallen jedem Gast Gegenstände auf, die zum Teil gar keinen Zweck erfüllen und zum Teil große Ausmaße annehmen: überdimensionale Telefone, Kleiderbügel, Tennisschläger, Bleistifte, die funktionslos an der Wand lehnen. Mit verschiedenen Farben bemalte Latten stehen zuhauf im Weg, vollkommen unordentlich und zwecklos, und das inmitten dieser komischen Holzbögen, die ja auch nicht gerade ordentlich abgeschliffen sind!
All das veranlaßt den Beobachter zum Nachdenken. In seinem Gehirn tickert der Registrator. Die beste Voraussetzung für gutes Arbeiten, denn alle Besucher sind von Anfang an aufmerksam aufgrund der Irritationen! Es gibt Versuche mit Schülern, die in ihrem sterilen Klassenraum sitzen und sich mit einer relativ schwierigen Aufgabe herumquälen. Nach einer halben Stunde ergebnislosen Herumrechnens wechselt man in einen anderen Raum, in dem nur Chaos und Durcheinander herrschen: bunte Farben, willkürliche Arrangements, keine ersichtliche Linie. Die Kinder sind allen möglichen Störungen ausgesetzt. Und zu einem hohen Prozentsatz haben sie nach zehn Minuten ihre schwere Aufgabe gelöst.

9. Das Gleisspringen

Ein Kunde des Kreativen Hauses sagte einmal zu uns: "Das ist doch ganz klar: Wenn ich meine Mitbewerber überholen will, muß ich auf ein anderes Gleis springen."
Ein sehr weiser Gedanke. Dazu muß man nicht genau wissen, wohin das andere Gleis führt. Wichtig ist nur zu wissen, auf welchem Gleis man sich im Augenblick befindet – welche Rituale und Sitten herrschen, welche Gewohnheiten damit verbunden sind. Sie können eigentlich alles um sich herum verändern, wenn Sie mal darüber nachdenken. Gewohnheiten und Gesetzmäßigkeiten erkennen, um mit ihnen zu brechen, das ist das Credo der Irritation. Ob es sich dabei um ein aufregendes Firmenlogo (siehe bama) oder um ein rauschendes Fest in Ihrem Unternehmen handelt, nichts muß unbedingt nach der Tagesordnung ablaufen oder an seinem Platze bleiben. Warum müssen Konferenzen immer hinter verschlossenen Türen stattfinden? Warum kann eine Konferenz nicht auch einmal im Freien abgehalten werden? Warum sollte man einen Geburtstag ewig und drei Tage mit den gleichen Ritualen bewältigen? Denken Sie sich was Neues aus. Man wird es Ihnen danken.

10. Irrungen, Wirrungen, Erfolg durch Irritation

Keine Branche ist in Sachen Irritation kreativer und witziger als jene, bei der es wenig zu sagen, aber viel zu gucken gibt: die Mode. Einer, der es dabei mit Erfolg immer wieder auf die Spitze treibt, ist der Pariser Couturier Jean-Paul Gaultier. Das "Enfant terrible" der Pariser Modewelt und sicherlich einer der unkonventionellsten und einflußreichsten Kultdesigner der achtziger Jahre lernte schon im Alter von 18 Jahren bei Leuten wie Pierre Cardin und Jean Patou. Irgendwann wurde es ihm dort zu bunt. Gaultier beschloß, sein eigener Herr zu werden. Aber wie und mit was sollte man dieses dekadente Pariser Modevolk überhaupt noch vom Hocker reißen? Und woher nehmen und nicht stehlen?
Mit 22 Jahren hatte er gar nichts. Er entwarf zwar ausgefallene Klamotten, wurde jedoch nicht akzeptiert. Sein Durchbruch gelang 1980, und Gaultier wurde mit einem Mal zum Liebling der Modegazetten. Er machte sich einen Sport daraus, die Leute mit

immer neuen Kreationen zu schocken: Jacken, die nur aus Brillen bestanden, Büstenhalter aus Kork, Straßenchic mit Sado-Maso-Leder, Lederjacketts mit nacktem Rücken oder Frauenkleider, die wie langgezogene Korsetts aussahen.
Er stellte damit die gesellschaftlichen Tabus auf den Kopf und provozierte auch mit seiner "Öffentlichkeitsarbeit": Die männlichen Models kommen in Stöckelschuhen, die Mädchen im Dominadress mit nacktem Hintern über den Laufsteg, und dem Chauvi läuft ein kalter Schauer über den Rücken. Gaultiers Shows gleichen einer Theatervorstellung und sind restlos "ausverkauft". Auch seine Werbung folgt nicht den ehernen Gesetzen: Wo seit der Modesteinzeit die junge Dame und der junge Mann um die Zwanzig bevorzugt werden, zeigt Gaultier einen alten Mann und eine alte Frau – und beide auch noch halbnackt!
Was Gaultier neben den Pressewogen auch noch erreicht, ist ein großer kommerzieller Erfolg. "Nebenbei" stellt er auch Sachen her, die jeder anziehen kann. Seine Kleidungsstücke wurden in den achtziger Jahren von nahezu jedem Popstar getragen, um einem modernen Image gerecht zu werden. Und so gelang es dem eigenwilligen Franzosen mit dem wasserstoffblonden Haar, von dem Lager der Außenseiter und Spinner in das der Professionellen überzuwechseln. Und er gibt dort heute den Ton in Sachen Mode und Modepräsentation an. Merke: Durch Irritieren kann man nicht verlieren!

Fazit: Wenn wir es schaffen, vom Gleis des linearen, starren Geradeausdenkens abzuspringen, dann können wir uns selbst und andere besser durchschauen. Irritation ist auch eine Frage der Identifikation. Niemand sollte von heute auf morgen in ein vollkommen anderes Kostüm schlüpfen und Dinge übers Knie brechen, die vielleicht irritierend sind. Irritation ist auch eine Frage des Geschmacks und der Eleganz. Es wäre sicherlich nicht besonders geschickt, wenn ein Zellstoff-Fabrikant anläßlich einer Messepräsentation zwei halbnackte Dominas mit seinen Produkten eine abgeschrägte Rampe herunterlaufen läßt, um schlafende Hunde zu wecken.
Aber eine verrückte Werbekampagne kann den erwünschten Erfolg haben. Warum zeigt man immer nur Socken an den Füßen und nicht mal am Hals und schreibt "Krawatten für die Füße" darunter? Warum nicht einfach Dinge tun, die sich ganz buchstäblich "nicht gehören"? Warum gibt man von seinem Käse nicht einfach mal zu, daß er stinkt, anstatt ihn in ein langweiliges Lifestylepaket zu schnüren?
Der Mensch giert nach Abwechslung, und wenn ein Hersteller verkaufen will, sollte er sich verpflichtet fühlen, seinen Kunden etwas zu bieten!

Nichts ist schöner, als den Markt zu irritieren. Und eingeschlafene Märkte aufzuwekken, ist sicherlich eines der letzte großen Vergnügen der Menschheit. Das macht natürlich am meisten Spaß, wenn man zuviel Geld oder nichts zu verlieren hat.

Wer nicht wagt, der nicht gewinnt. Wagen Sie's mit Irritation.

Wittgenstein, Ludwig: Tractatus Logico-philosophicus/Logisch-philosophische Abhandlung. Frankfurt am Main 1989.

Escher, Maurits Cornelis: Kaleidozyklen. Berlin 1987.

Escher, Maurits Cornelis: Graphik und Zeichnungen. Berlin 1989.

Joray, Marcel: Vasarely. Genf 1979.

Frisby, John P.: Optische Täuschungen. Sehen – Wahrnehmen – Gedächtnis. Augsburg 1988.

Reutersvärd, Oscar: Unmögliche Figuren. Vom Abenteuer der Perspektiven. Augsburg 1988.

Jandl, Ernst: Ottos Mops hopst. Nürnberg ^{2}1989.

Jandl, Ernst: Selbstportrait des Schachspielers als trinkende Uhr. Frankfurt am Main 1983.

Raum und Form

Baukunst ist in
Wahrheit immer der
räumliche Vollzug
geistiger Entscheidung.

Ludwig Mies van der Rohe: "Die Voraussetzungen baukünstlerischen Schaffens".

Das Ökohaus
von Time/system,
Hamburg

"Wir bauen eine neue Stadt" – so der Titel eines Liedes, das von Kindern gesungen und interpretiert wird, die "mit Eimern und Schaufeln und Puppen und allem, was wir haben", dort einziehen wollen. Geschrieben hat es der Komponist Paul Hindemith, geblieben ist es eine Utopie. Kinder sind sicher die letzten, die das Recht bekämen, ihre eigene Umgebung zu gestalten. Aber wer hat das Recht dazu?

Seit es Menschen gibt, wird gebaut. Alle Kulturen hinterließen ihre Spuren. Sie bauten Tempel, Ahnenhäuser, Pyramiden, Grabmäler im Riesenformat und mit einem festen Ziel: ihre Götter und Könige zu verehren und zu verewigen. Und sie haben es geschafft: Von den Osterinseln bis nach Mexiko, von Luxor bis Rom stehen die ehrwürdigen Symbole vergangener Epochen, Zeichen der Gottesfurcht und dem Streben nach Größe. Große Geheimnisse verbergen sich hinter den ewigen Mauern mancher Architektur. Die Pyramiden beispielsweise sind nicht nur in ihrer Form so eigenartig und genial, sondern auch aufgrund der Tatsache, daß alle existierenden Pyramiden auf den Winkel genau in die gleiche Himmelsrichtung ausgerichtet sind. Magische Zeichen scheinen hier im Spiele zu sein (vergleiche Kapitel "Phänomene").

Wir haben unsere Religion verloren. Zumindest werden es keine Kirchen oder Tempel sein, die wir als Denkmäler unseren Ahnen hinterlassen werden. Aber welche Zeichen sind es?

Eine Antwort gibt uns ein Mann, der als zweiter Deutscher nach dem Bauhausarchitekten Ludwig Mies van der Rohe auszog, um dem Stadtbild von Chicago und vielen anderen Orten dieser Welt eine besondere Prägung zu geben: Helmut Jahn.

"Es sind kommerzielle Zeichen. Es sind die Zeichen der Industrie, die von den kommerziellen Unternehmen nach außen getragen werden. In unserer Zeit unterscheiden sich die Produkte immer weniger, deshalb ist viel mehr Werbung und Marketing nötig, um sich in jeder Hinsicht eine Identität zu setzen. Außerdem sind die Unternehmen im Gegensatz zur öffentlichen Hand mehr denn je in der Lage, solche Zeichen zu setzen."

Schon viele Unternehmen haben dies erkannt und dementsprechend gehandelt – sei es die mit dem deutschen Architekturpreis ausgezeichnete Rimowa-Kofferfabrik, die seit vier Jahren in einem überdimensionalen (Architektur-)Koffer untergebracht ist, sei es das Unternehmen Erco mit seiner komplizierten Lichtarchitektur oder das Xerox-Gebäude in Chicago, ein "Zeichen" von Helmut Jahn selbst. Der Gedanke, daß die Ikonen der Industrie unsere Welt prägen, liegt nicht fern. Schon der *Spiegel* hat diesem Trend einen langen Artikel gewidmet, und die Marktrelevanz ist sogar aus betriebswirtschaftlicher Sicht nicht mehr von der Hand zu weisen. Es rechnet sich, neu zu bauen.

Doch das ist nicht alles. Welche Rechte werden den Leuten zugesprochen, die in diesen neuen Denkmälern nicht nur leben, sondern auch arbeiten müssen? Nach welchen Kriterien werden die neuen Wirtschaftspaläste gebaut? Welche Philosophien stecken dahinter?

Die Antwort Helmut Jahns zu diesem Thema ist ein bißchen erschreckend.

"Wir haben innenarchitektonisch meistens wenig zu sagen. Da kommt der eine Chef mit seinen Antiquitäten, der andere mit seinem Gelsenkirchener Barock und der dritte mit dem Bauhausstuhl in ein viel zu großes Chefzimmer, während im Vorzimmer drei Sekretärinnen zusammengepfercht hocken, die direkt zum Arbeitsgericht rennen würden, wenn sie beispielsweise mit dem Chef auf freiem Raum, von Angesicht zu Angesicht, arbeiten müßten, so wie ich es in meinem Büro praktiziere. Die wollen anscheinend untergeordnet sein. Die deutschen Managerzimmer sind viel zu überproportioniert und drücken sofort ein gewisses Hierarchiedenken aus. Die verschiedenen Größen der Zimmer je nach Position, die unterschiedliche Lichtintensität, das alles sind Anzeichen von einem bestimmten kategorischen Denken.
Ich habe schon bei meinem Messeturm versucht, durch verschiedenene Formungen verschieden geschnittene Büroräume zu entwickeln, um mehr Individualität und Vitalität ins Spiel zu bringen. Wir müssen wieder viel mehr Format durch Form zeigen, wir müssen wieder rauh und frech werden, sonst schläft die Welt ein. Ich führe täglich einen Kreuzzug für meine Ideen. Aber die Deutschen", fügt er mit einem Lächeln hinzu, "wollen nach wie vor diese Konformität."

Starke Worte von einem starken Mann. Wir hoffen, Sie sitzen gut. Schauen Sie sich um. Sitzen Sie in einem für Ihre persönlichen Bedürfnisse viel zu großen Raum? Hat Ihre Sekretärin ein viel kleineres Zimmer, das von dem Ihrigen abgetrennt ist? Schlingen sich draußen vor der Tür kafkaesk anmutende Gänge ewig lang nur in eine Richtung, auf denen ab und zu mal ein kleiner Angestellter entlanghuscht, der sich schnell wieder hinter einem der kleinen Türchen verkriecht? Müssen Sie den halben Tag lang das Licht anschalten? Haben Sie Neonleuchten? Haben Sie in Ihrem Leben mal einen Fehler gemacht? Oder sind Sie mit Ihrem Unternehmen schon seit Jahrzehnten nicht mehr umgezogen?

Was alt ist und bleibt, hat sich bewährt. Bei Architektur ist das anders. Nur an der Schwermut und den Depressionen in einem Gebäude spürt man, daß die Zeit den architektonischen Trend längst überholt hat. Die ewige Klimaanlage, die immer dunklen Gänge, die Doppelverglasungen, die die Innenwelt von der Außenwelt abtrennen, ja, da kann einem schon mal die Decke auf den Kopf fallen. Das Gebäude ist tot, hat seine eigene Zeit nicht überlebt. Statt dessen plagt es seine Insassen mit tristen Farben und chemobeschichteten Wänden. Es ist eine Reliquie aus der Zeit, als Anonymität in der Industriearchitektur noch etwas galt und jedes Betriebsgeheimnis verkrampft in den eigenen vier Wänden behalten wurde, als es Befehlsgeber und -empfänger gab, die sich gegenseitig das Leben schwermachten. Wie wohl kann man sich in solch einem Gebäude fühlen? Wie groß ist der Spaß, den man bei der Arbeit hat? Wie geht man in solch einem Palazzo Prozzo der Wirtschaftswunderjahre miteinander um?

Wir leben in einer Zeit der großen Büroflucht. Innere Verweigerung, Demotivation und erschreckend hohe Ausfallquoten der Mitarbeiter sind oft ein Zeichen für Arbeitsplätze, an die es niemanden hinzieht. Schlimmer noch: Viele macht der Arbeitsplatz geradezu krank. Entsprechend dem wachsenden Bedürfnis nach Freiheit, Selbstverwirklichung und Individualität wird die alte Arbeitsstätte zum Schrecksymbol von Herrschaft und Knechtschaft.
Anlaß genug, um sich endlich einmal Gedanken zu machen über den Ort, an dem wir in einem großen Lebensabschnitt die meiste Zeit verbringen.

Was ist ein Büro?

Wir gehen nun Ihren Arbeitsablauf "büro-phänomenologisch" durch. Da stehen Sie nun auf Ihrem Betonparkplatz, schließen die Autotür und schlängeln sich anschließend durch die Drehtür, in der die Kaftane Ihrer arabischen Geschäftsfreunde immer hängenbleiben. Mit gezückter Identitätskarte passieren Sie die Festung des sphinxartig dreinblickenden Portiers, der täglich dreitausendmal "Guten Morgen" und dreitausendmal "Auf Wiedersehen" sagen muß. Und wehe, er vergißt es einmal bei einem Vertreter der höheren Chargen!

Schließlich stürzen Sie in den Fahrstuhl, sind dort mit vier weiteren Personen eingezwängt und überlegen wie immer in dieser klaustrophobischen Situation, ob Sie die Leute jetzt grüßen sollen oder nicht. Irgendwann spuckt sie der Aufzug dann in einen der düsteren Gänge aus. Dort befindet sich Ihr Büro. Sie gehen an Ihrem eigenen Namensschild vorbei, denn diese Tür ist schon lange abgeschlossen. Also müssen Sie genau wie Ihre Besucher zuerst die Sekretärin passieren. Aber inzwischen macht es Ihnen ja auch einen Höllenspaß, jeden Morgen unvermutet die Tür aufzureißen und sie in flagranti beim Nägelfeilen zu erwischen! Heute morgen haben Sie Pech. Aufmerksam kauert sie hinter ihrem Koloß von Schreibtisch, der mit Papier und Unterlagen vollgeklatscht ist, im Hintergrund rotzt die Kaffeemaschine, auf den Gummibäumen und dem Monitor ruht wie immer eine dezente Staubschicht. Egal, ob Sie nun einen Ansturm auf die Sekretärinnenbastion geplant hatten oder Ihrem

"Vorzimmer" einen Blumenstrauß zuwerfen wollen, zwischen Ihnen steht unbarmherzig das Schutzschild Schreibtisch – das Durchgangsbüro ist klein und verschachtelt. Ja, bei Ihnen selbst sieht es da ganz anders aus! Hinter der schalldichten Doppeltür (wenn's mal kracht) verbirgt sich ein Atrium, das sich vor Geschäftsfreunden und kleinen Angestellten sehen lassen kann: ein riesengroßer, sauber aufgeräumter Designerschreibtisch, Symbol Ihrer Macht und Ihres klaren Denkvermögens, frei nach dem Motto: "Alles ist bereinigt, laßt uns wieder von vorne anfangen."

Nur eine schicke Tiziolampe und ein kompliziertes Telefon mit 38 Tasten, von denen sie nur zehn Zeichen kennen, zieren die schwere Platte, die auf zwei Schubladenkästen ruht. Nein, kein Zeichen von Schubladendenken, sondern von dem Willen nach Ordnung und Sauberkeit. Wer sagt da: "Wer Ordnung hält, ist nur zu faul zum Aufräumen?" Ihr geistiger Horizont läßt sich unschwer an den massiven Regalen erkennen, vollgestopft mit Zeitungen, Unterlagen und Büchern, die die Last Ihrer Verantwortung massiv in den Raum stellen.

Zeit, in Ihre Arbeitskapsel einzusteigen. Zu diesem Zweck umrunden Sie Ihre Designerschaltstelle, zwängen sich in den ellenbogenfeindlichen Chefsessel und klemmen Ihre Knie für die nächsten Stunden unter die schwere Platte, atmen die Luft der großen weißgetünchten Wände ein und werfen ab und zu mal einen Blick aus den dunkelgetönten Fenstern auf das überdimensionale Logo Ihres Unternehmens, das als ständige Mahnung zum Erfolg und Zeichen der Verehrung mächtig und stolz über den Produktionshallen prangt.

Ab und zu drücken Sie auf einen Knopf, dann erklingt die Stimme Ihres "Vorzimmers". Kurze Zeit später erscheint Ihre Sekretärin mit einer Tasse Kaffee, ein paar Unterlagen oder der Gießkanne und agiert unmittelbar vor Ihren Augen herum. Gemütlich verfolgen Sie das Treiben Ihrer Untergebenen hinter dem Schreibtisch, genauso gemütlich wie die nervösen Gesten, mit denen ein Mitarbeiter bei Ihnen seine Bitte um Gehaltserhöhung zu rechtfertigen versucht. An Sie kommt ja so schnell keiner ran. Und sollte es einmal einer wagen, hinter Ihre Schreibtischfestung zu kommen oder sich mit dem Hintern auf den Zinnen Ihrer Schreibtischplatte niederzulassen, dann muß es schon ein Duzfreund sein.

Nach vielen Stunden disziplinierten Plagens wagen Sie es erstmals, Ihre abgestorbenen Füße à la Iacocca lässig auf den Tisch zu legen. Kaum ist die Zirkulation wieder in Gang gesetzt, läutet es zum Essen. Es wird auch Zeit, sich ein bißchen Bewegung zu verschaffen. Durch das kleine Treppenhaus geht es im Sauseschritt mit den anderen hinunter zu der gemütlichen Kantine im Bebrastil, die Tische fein säuberlich in Reih und Glied, neben Salz und Pfeffer befindet sich die Plastikblume auf der Resopaloberfläche – schließlich essen hier auch "Arbeiter", und da kann man ja nicht...

Und danach folgt der Höhepunkt des Tages: die Konferenz. Sie findet natürlich im separaten Konferenzraum statt. Hier, wo der Daumen ständig rauf oder runter geht, herrscht noch die schöne König-Artus-Tafelrunden-Ästhetik. Ein Holztisch, den man überhaupt erst an Ort und Stelle zusammensetzen konnte, ist gewitzt kombiniert mit ebenso schweren Stühlen. Nur ein Stuhl sticht hervor: der noch größere Häuptlingsthron am Ende des Tisches. Man spürt die Spannung, die im Raum liegt und das Management so vital macht: Es ist nicht nur das leise Sägen an den Stühlen, das während der naturgemäß trägen Sitzungen kaum hörbar zu vernehmen ist. Auch die

Sitzordnung fällt ins Auge: Links neben dem Chef hat einer, der immer schreibt, Platz genommen, rechts davon der von allen gehaßte Protegé. Je weiter entfernt man sitzt, desto weniger hat man zu sagen. Also: Aufrücken ist angesagt!

Und wenn Sie dann abends den Schlagbaum passieren, die Stacheldrahtzäune hinter sich lassen und im Rückspiegel noch einen kurzen Blick auf das Imperium wagen, verspüren Sie dann innerlich eine große Lust, morgen schon wieder hierher zurückzukehren? Oder fühlen Sie sich als Manager eines zeitgemäßen, beispielhaften Unternehmens?

Architektur schafft Identität

Von den kleinen "Exoten" der Unternehmensarchitektur abgesehen, meinen nach wie vor die meisten Firmenchefs, daß Architektur wenig Einfluß auf die Arbeitsatmosphäre hat. Interessanterweise wird um so weniger verändert, je älter das Unternehmen ist. Anscheinend baut man hier auf den Glauben, daß die Festung nicht erneuert werden muß, weil sie ja bisher auch niemand gestürmt hat. Na gut.

Aber wie human muß ein Unternehmen sein? Wieweit muß es auf neueste menschliche Bedürfnisse, Trends in der Arbeitsregelung und Unternehmensführung eingehen? Wir sagen: soweit wie möglich. Wer will heute sich und anderen denn zumuten, in alten Gebäuden zu hausen, die noch aus den Zeiten der Kaderschmieden stammen? Viele Unternehmen wurden zwar im Laufe der Zeit modernisiert, wenige Unternehmer haben hingegen jemals die Zeichensprache der archaischen Machtpolitik in Raum und Form überdacht.

Was ist ein Schreibtisch? Ein Symbol der Trennung, der Verwaltung, ein Klotz, an dem garantiert keine kreativen Leistungen entstehen können!

Was ist eine Wand? Ein Symbol der Trennung, der Heimlichkeit, ein Zeichen dafür, daß sie etwas zu verbergen haben und in Ihren vier Wänden Dinge tun und sagen wollen, von denen die anderen nichts wissen dürfen – etwa diktieren (nomen est omen), delegieren, regieren oder einfach jemanden "von unten" kommen lassen, um ihn mal gehörig...

Was ist eine Produktionshalle? Ein Symbol der Trennung von Arbeits- und Verwaltungskräften, wo in Reih und Glied und grau in grau die Dinge produziert werden, von denen die Firma ihre Existenz bestreitet.

Wenn Sie der Meinung sind, das trifft für Sie und Ihr Unternehmen gar nicht zu, um so besser. Ansonsten brauchen Sie jetzt nur noch eine Axt zu nehmen und mit den Instrumenten der Unterdrückung aufzuräumen. Machen Sie Ihren Schreibtisch zu Brennholz, und lassen Sie die Wände zwischen Ihren Kollegen, die Fabrikmauern und Zäune einreißen. Was sogar die DDR geschafft hat, schaffen Sie schon längst: Perestroika in den eigenen Reihen, Mauern einreißen, neugewonnene Freiheit genießen, zu sich selber (in diesem Fall zu den Kollegen) finden (die Sie ja sonst nur auf dem Gang, auf der Toilette oder beim Essen [sic!] treffen). Ein Unternehmen, das sich von innen nach außen wandelt, setzt Zeichen. Ein Unternehmen, das jahrzehntelang seine Persönlichkeit, seine Mitarbeiter und seine Kommunikation starr hinter grauen Mauern verbirgt, ist noch viel bezeichnender. Denn solch ein Unternehmen muß tatsächlich etwas zu verbergen haben! Zertrümmern Sie alles, was Platzangst, Depressionen und Mißkommunikation den Weg bereitet. Schaffen Sie Raum und Form, in denen man sich voll ausleben kann. Schaffen Sie eine gesunde Unternehmenskultur, bevor sie Sie schafft.

Wir bauen eine neue Stadt

Wenn Sie nun schon vor dem geistigen Trümmerhaufen der traditionellen Bürokultur stehen, müssen wir Ihnen natürlich auch eine Lösung anbieten. Wie sieht die neue Büro- und Unternehmenskultur aus?
Erst einmal gesund. Wenn Sie das große Glück haben, auf einem brachliegenden Gelände ein neues Firmengebäude zu bauen, dann raten wir Ihnen dringend zu den goldenen Regeln der biologischen Baukunst. Wer sie befolgt, kann sich nicht nur sicher, sondern auch geborgen fühlen. Es empfiehlt sich, nach dem kategorischen Imperativ zu handeln, der da sagt: Was du nicht willst, was man dir tu', das füg' auch keinem anderen zu! Also: Mit einem gesunden Menschenverstand kann man keinen Mist bauen. Statt dessen werden alle sozusagen architektonisch gleichberechtigt behandelt. Keine dunklen Gänge, keine überflüssigen Wände, keine "Vorzimmer" – ein Zeichen von Demokratie.
Wir können hier keine Anleitung für das endgültig perfekte Unternehmensgebäude geben. Wir können nur leise anraten, wie Sie am besten bauen. Zum Beispiel das Unternehmen Time/system, das bei uns zu Besuch war und gerade im Begriff ist, aufgrund rapider Vergrößerung in ein neues Gebäude umzuziehen. Time/system ist damit vermutlich eines der wenigen Unternehmen Deutschlands, das ein rein biologisches, menschen- und umweltfreundliches Gebäude für sich und seine Mitarbeiter geschaffen hat. Natürlich ist nicht jeder in der glücklichen Lage, architektonisch "noch einmal von vorne anzufangen". Time/system hat jedoch noch nicht einmal erwogen, eine Firmenphilosophie "einzumauern", sondern alles aus sich heraus entstehen zu lassen – nicht nur durch Architektur, sondern Ökotektur. Entstanden ist ein Gebäude voller Harmonie und Leben. Vielleicht ist es sogar der "räumliche Vollzug geistiger Entscheidung", der bei Time/system so erfolgreich eingeschlagen ist. Auf diese Weise lebt das ganze Unternehmen buchstäblich von innen heraus. Dies sind die "goldenen Regeln", die Time/system zusammen mit dem Ingenieur Jan Cousin entwickelt hat und die wir unseren Gästen gerne weiterleiten. Sie sind wie folgt vorgegangen:

Reduktion von Flächenverbrauch: Flure und Treppenhaus bilden eine Einheit. Die vorhandenen asphaltierten Flächen wurden um das Gebäude entsiegelt und zu Grünflächen umgestaltet.

Renovierung statt Abriß: Was einst seinen Dienst getan hat, muß nicht ausgedient haben. Eine vorhandene Lagerhalle wurde nicht abgerissen, sondern nach allen Regeln der Kunst saniert.

Umweltfreundliche Bauweise

Es wurden eingebaut, bzw. verwendet:	Es wurden vermieden:
Holztüren, Holzfenster Mauerwerksfassaden Formglas-, Zellulosefaser- und außen mineralische Wärmedämmung	Kunststoff-, Alu-Fenster Beton-, Alu-, Glasfassaden Polystyrolschaum
Mineralischer Putz	Kunstharzputz
Gut riechende Acryl-, Kunstharz- und Mineralfarben	Kunstharz- oder Kunststoffdispersionsfarben
Bei Glas-Metall-Konstruktionen (Oberlicht, Vordächer) eine Tragkonstruktion aus Holz (Alu-Einsatz reduziert auf schmale Glaselementprofile)	Hoher Aluminiumverbrauch durch tragende Metallprofile
Woll-, Kokos- und Sisal-Teppichböden mit Kunstharz (riecht viel besser)	Kunstfaserteppichböden oder lösemittelhaltige Kleber
Vorhänge aus Baumwolle	Vorhänge aus Kunstfaser
Büroeinrichtung aus Holz	Kunststoff und Stahl
Dimmbare Halogenbeleuchtung mit einem Spektrum, das dem Tageslicht entspricht	Leuchtstofflicht mit hohem Anteil an weißem Licht und eingeschränktem Spektrum

Biologische Gebäudekonzeption

Es wurden verwendet:	Es wurden vermieden:
Weitgehend natürliche Belichtung und Belüftung	Viel Kunstlicht und Klimaanlage
Querlüftung zum von oben belichteten und lüftbaren Treppenhaus	Separates Treppenhaus, innenliegende Flure mit Kunstlicht und ohne Querlüftung

Das Firmengebäude wurde darüber hinaus nach Norden durch einen Anbau an eine vorhandene Lagerhalle besser isoliert (energiesparende Pufferwirkung!). Die Farb- und Materialabstimmungen erfolgten nach psychologischen und baubiologischen Grundsätzen (beispielsweise wurden die Fenster in Mintgrün gestrichen) – alles Aspekte, die bisher noch viel zu selten berücksichtigt werden.

Umweltschonende Energienutzung

Der Stromverbrauch wurde reduziert, in dem – soweit möglich – auf künstliche Belichtung verzichtet wurde (durch den Einbau von Fenstern). Die Sommerkühlung erfolgt durch Querlüftung und Speicherung von Kaltluft in unverkleideten Gebäudemassen (Betondecken ohne abgehängte Unterdecken, Mauerwerk, Verbundstrich statt schwimmender Estrich). Die Wärmedämmung der Fenster ist durch Wärmedämmglas gewährleistet, das Dachgeschoß und der Vorbau des Erdgeschosses sind begrünt und dadurch besser isoliert, die Fassade ist durch Laubbegrünung besser geschützt. Die Räume können mit Strahlungsheizflächen (statt mit konventionellen Heizkörpern) energiesparend erwärmt werden, die Brennwert-Gas-Heizzentrale im Dachgeschoß hat einen extrem niedrigen Schadstoffausstoß.

Wasser

Das Regenwasser wird auf allen Dachflächen gesammelt und als WC-Spülung genutzt. Der gesamte Jahresbedarf wird damit gedeckt!

Begrünung, Freiflächen

Flache Dachflächen werden extensiv begrünt, die restliche Freiflächen werden intensiv bepflanzt.

Nach diesen Regeln hat die Firma Time/system eine vollkommen neuartige Unternehmenskultur geschaffen, die ganz ihrer eigenen Identität entspricht und auf die die Mitarbeiter entsprechend stolz und motiviert reagieren. Allein in dem wunderschönen Lichthof geht dem Besucher regelrecht das Herz auf, man fühlt sich wohl und ist angeregt statt aufgeregt. Heben Sie den Time/system-Baufahrplan für den Zeitpunkt auf, zu dem bei Ihnen die nächste Renovierung oder Bauerweiterung ansteht. Es wäre auch nicht das erste Mal, daß ein Gebäude mit in die Asbestfalle läuft und sich damit nicht gerade die Motivation der Mitarbeiter "einheimst".

Wenn Sie wissen wollen, wie man mit Raum und Form Harmonie zwischen den Kollegen fördert, lassen Sie Licht herein – von oben oder von den Seiten. Bringen Sie Farbe ins Spiel. Entfernen Sie alles, was nach Hierarchie riecht, denn Hierarchie fördert Anarchie, Demokratie fördert Harmonie. Ihr persönliches Empfinden gegenüber wichtigen Themen wie der Demokratisierung, der Gleichberechtigung der Frau, dem Verlangen nach Individualität und persönlicher Entfaltung ist wesentlich weiter, als es bestehende architektonische Prinzipien sein können. Sie können mit Raum und Form diese neuen Zeichen setzen. Ein Paradebeispiel für Gleichberechtigung und Demokratie im Büro gibt der Architekt Helmut Jahn selbst: Sein eigenes Unternehmen in Chicago befindet sich auf einem einzigen Stockwerk. Es gibt hier keine Einzelzimmer – außer für die Mitarbeiter, die viel telefonieren müssen. Wände existieren nur dort,

wo sich auf der einen Seite ein Gang befindet. Die charmanten Sekretärinnen Helmut Jahns haben es königlich. Sie sitzen im größten Raum, haben vor sich den Blick in ein japanisches Zimmer, in dem ihr Chef sich bereitwillig jederzeit auf die Finger schauen läßt. Die Einrichtung von Murphy/Jahn ist so wie Helmut Jahn selbst. Er macht keine große Show um sich, ist eher im stillen spektakulär, läßt Transparenz zu und hat ein ausgeprägt demokratisches Bewußtsein.
Wie seine Architektur, so der Architekt, und wie der Herr, so das G'scherr! Kein Wunder, daß Helmut Jahn statt von "Raum schaffen" und "Häuser bauen" nur von "Zeichen setzen" spricht. Für ihn ist Architektur eine innere Ästhetik, funktional statt funktionell und mit Inhalt statt mit Ideologie gefüllt.

Raum und Form fördern unsere Kreativität, lassen Ideen Gestalt annehmen und sorgen für die richtige Gemütslage. Untersuchungen haben ergeben, daß Frauen eckige, Männer dagegen runde Formen bevorzugen. Das muß nicht immer so sein, ist aber ein guter Ausgangspunkt für Ihre Gestaltungsüberlegungen. Machen Sie den Test in den eigenen Reihen!
Wichtig ist vor allem, daß man sich frei fühlt – nicht Platzangst, Enge und Hindernisse spürt. Frei von konventionellen Zwängen, veralteten Betriebsstrukturen und architektonischer Diktatur.
Vielleicht (und hoffentlich) werden wir den Tag noch erleben, an dem man endlich von den einschränkenden Bauprinzipien abläßt, an dem man eingesehen hat, daß physische Freiräume kreative Freiräume zulassen. Dann werden wir keine Tische mit Maschinen haben, sondern große Sofas, von denen aus wir denken, den Computer auf Zuruf bearbeiten, telefonieren und faxen können. Die Technologien stehen bereit, nur die Ideologien sperren sich dagegen.
Es ist eine Arbeitshaltung, die in unserem westlichen Abhärtungssystem noch undenkbar ist. Eine Arbeitshaltung, in der in anderen Hemisphären Menschen wie Ghandi die Welt verändert haben. Durch Kauern statt Lauern. Durch Denken statt Lenken. Durch Meditieren statt Diktieren. Durch den Willen, alle Menschen gleich zu behandeln, ohne Repressalien und Symbole der Unterdrückung.
Wer Zeichen setzen will, sollte genau überlegen, was er ausdrücken will. Für jeden Gedanken gibt es Zeichen. Und jedes Zeichen kommt zur rechten Zeit. Das sei nur mal in den Raum gestellt.
Heutzutage ist es meist schon so, daß Sie Ihre Sekretärin beispielsweise mehr brauchen als umgekehrt. Während Sie alles mögliche managen, werden Sie von Ihrem "Vorzimmer" gemanagt. Wie wäre es mit einem Zeichen, daß Ihre Sekretärin Ihr wichtigster Partner ist? Wie wäre es, wenn Ihre Sekretärin auf dem Sofa gegenüber Platz nimmt und Sie dort miteinander kommunizieren?
Schauen Sie mal in Ihr Vorzimmer – dort sitzt weder ein Vorzimmer noch ein Frauenzimmer. Dort sitzt ein Mensch.

Und auf den müssen Sie bauen.

Weiterführende Literatur

Schneider, Anton: Gesünder wohnen durch biologisches Bauen. Rosenheim 1981.

Wagner, Waltraud: Naturwissenschaftliche Grundlagen zur biologischen Wirkung des Bauens. Warburg ^{3}1982.

Architekten – Helmut Jahn und C. F. Murphy. Bearbeitet von Klaus Kaiser. Stuttgart 1988.

Volker Fischer (Hrsg.): Design heute. München 1988.

Sparke, Penny. Italienisches Design. Braunschweig 1989.

Isozaki, Arata: Das internationale Design Jahrbuch 1988/89. München 1988.

Sprache und Kommunikation

Man nehme gewöhnliche Worte und sage ungewöhnliche Dinge.

Arthur Schopenhauer

George Walther,
Pionier des Telefonmarketing und
Erfinder des Power Talking

Sprache ist überall. Sie hat Einfluß auf unser Denken, sie ist Träger unserer Vorstellungen, Gefühle und Bedürfnisse. Mit Sprache können wir befehlen, beherrschen, verkaufen, uns oder andere zum Wahnsinn treiben oder die schönste Liebeserklärung formulieren, die man sich denken kann.

Anders formuliert: Sprache ist ein soziales Phänomen. Sie läßt sich, ganz allgemein gesagt, als ein Mittel der Kommunikation verstehen. Als Sprecher einer Sprache sind wir in der Lage, Wörter aneinanderzureihen, um Sätze zu bilden, die unsere Gedanken ausdrücken. Die Beziehung zwischen einem Wort und seiner Bedeutung ist durch Konventionen geregelt. Wenn wir beim Sprechen diese Richtlinien erfüllen, so versteht unser Gegenüber unter normalen Umständen das, was wir ihm mitteilen wollen.

Bevor es Ihnen die Sprache verschlägt, fragen wir uns: Was macht die Sprache so einmalig? Warum können wir so oder so sprechen? Welche Macht hat Sprache? Alle Menschen können eine Sprache. Jeder Satz ist ein Gedanke, jede Formulierung eine Absicht. Mit Sprache setzen wir uns ständig in die Wirklichkeit. Sprache ist das Modell unserer Realität. Je nachdem, wie wir uns ausdrücken, wie wir uns nennen oder wie wir Dinge bezeichnen, immer ist die Sprache, die wir dabei verwenden, Spiegel unseres Denkens.

Die Sprache ist vielfältig. Sie ist allgegenwärtig, und ohne sie wäre die menschliche Gesellschaft, so wie wir sie kennen, nicht möglich. Alle Menschen erlernen eine Sprache. Es gibt Tausende von Sprachen auf dieser Welt, und noch niemand hat seine Muttersprache aus dem Buch gelernt. Möglicherweise ist das System Sprache schon in uns, wenn wir auf die Welt kommen, wie einige Wissenschaftler behaupten. Mit Sprache treten wir erstmals in Bezug zur Welt (übrigens vielleicht auch ein Beweis dafür, daß Intelligenz gleichmäßig verteilt ist!). Ob wir wollen oder nicht, jeder Satz, den wir sprechen, ist immer ein Ausdruck unserer Persönlichkeit: nicht nur, wenn wir einem Herrn die Hand geben, der in tiefem Schweizer Dialekt "Gruezi mit'nand" orchestriert, sondern auch, wenn wir selbst leicht ins Stottern geraten beim Anblick der Traumfrau/des Traummannes.

Von solchen "magic moments" mal abgesehen, kann uns die Sprache auch allerhand Schönes bereiten: ein gutes Gespräch, eine sinnvolle Firmenphilosophie, einen genialen Slogan oder einen Kunden "per Du" statt "perdu". So mancher sprachliche Akt besiegelt menschliche Schicksale ("Ich will dich nie mehr sehen"), Ehen ("Ja, ich will") oder Weltkriege ("Befehl zum Bomben abwerfen!"). Ob man schwört, ein Versprechen gibt oder eine Lüge verbreitet, all diese "Sprachspiele" setzen etwas in Gang und haben zum Teil unglaubliche Nachwirkungen.

Sprache ist wertvoll: Man kann durch sie gewinnen, aber auch viel verlieren. Ein falsches Wort, und die Tür ist für immer zu. Ein richtiges Wort zum richtigen Zeitpunkt, und man hat einen bleibenden Eindruck fürs Leben hinterlassen.

Sprechen kann jeder. Aber durch Sprechen gewinnen, das ist nur den wenigsten vorbehalten. Dabei ist die Sprache eine der stärksten Waffen der Politik und der Wirtschaft, im Akt des Überzeugens, des Glaubens und der Bildung eines neuen Weltbildes. Der Philosoph Ludwig Wittgenstein definierte in seinen *Philosophischen Untersuchungen* das "Sprachspiel" als "Lebensform" und untersuchte auf diesem Terrain alles Sagbare und Aussprechbare in bezug auf Gehalt und im Verhältnis zur Wirklichkeit. Er geriet in eine Sackgasse und stellte irgendwann fest, daß Sprache einem unendlichen Teppich mit tausend verschiedenen Webarten gleicht und sich daher für sie keine allgemeinen Gesetzmäßigkeiten aufstellen lassen.

Die Sprache ist und bleibt eine vertrackte Sache. Der eine hält eine Rede und wiegelt einen ganzen Staat zum Meutern auf, der andere muß wegen ungeschickter Formulierungen abdanken. Ganz Schlaue verschaffen sich mittels Sprache einen Vorsprung, indem sie amerikanische Trendmagazine lesen und ihr Gegenüber mit schicken Worten wie "Genre", "Psycho-Building" oder "Human Value" hypnotisieren und sich dabei nicht selten in die diskursiven Nesseln setzen. Die Deutschen ergehen sich gerne in vollkommen witzlosen "Wortspielen" und denken, sie ernten dabei Ruhm und Ehre. Oder sie schenken ihrem Gesprächspartner keinen reinen Wein ein, und lassen ihn durch hochgeistige Andeutungen solange im dunkeln tappen, bis er seine Dummheit eingestehen muß und aggressiv wird.
Eine andere Variante: Die Amerikaner (und sogar die amerikanischen Wissenschaftler!) machen sich inzwischen einen Sport daraus, für jede Definition eine Metapher zu finden, mit der sie komplizierte Vorgänge malerisch umschreiben können. Der amerikanische Schriftsteller Hubert Selby zu der Frage, inwiefern Film und Buch seines Werkes *Last Exit to Brooklyn* etwas gemeinsam haben: "You can't compare oranges with Cadillacs."

Language is a virus

Ganz offenbar ist die Sprache immer noch nicht so alt, daß sie abdanken kann. Auch wenn wir die täglichen Angriffe auf unser Wahrnehmungsvermögen durchstehen müssen, abends nichts mehr hören und sehen wollen und den ganzen sprachlichen Müll wieder wegwerfen müssen, werden wir der Zunge nicht müde. Nie war der Informationsfluß so stark wie heute, und noch nie mußte man durch Radio, Fernsehen und Broschüren diverser Art dermaßen viel an Wortsalven, Überredungsvarianten und Informationen über sich ergehen lassen. Die Menschheit kann den Mund nicht halten. Doch dadurch wird auch die Kommunikation immer schwieriger. Mitteilen ist eines, Verstehen ein anderes. Wenn alles, was wir sagen, hundertprozentig so ankäme, wie wir es meinten, gäbe es für uns überhaupt keine Probleme. Und deshalb ist gute Kommunikation heute das Wichtigste, das wir uns leisten können. Die Worte "Wir verstehen uns" können menschliche Harmonie, eine hervorragende geschäftliche Kooperation oder die Sicherung des Weltfriedens bedeuten. Sie sind das oberste Ziel, das man sich stecken kann. Kommunikation ist heute jedoch so schwierig geworden, weil wir uns fast ständig im Zustand der Verwirrung und der permanenten Störung befinden.

Sprich: Wir sind meistens unkonzentriert. Wir sind schlechte Zuhörer, wir sind unaufmerksame Gesprächsteilnehmer, wir kommen nicht auf den Punkt.
Wer kennt nicht die ewigen Suaden, bei denen alle Teilnehmer sanft einnicken, die endlosen Bandwürmer, die manch geistreiche Dialogpartner ständig vor sich hinproduzieren? Den sanften Sermon, den der Betriebsredner auf den einleitenden Satz "Ich bin kein Freund großer Worte..." folgen läßt?

Wer sich kompliziert ausdrückt, kommt sich meistens besonders schlau vor. Wer lange Reden mit kurzem Sinn hält, empfindet sich selbst oftmals als sehr intelligent. Man hat das Gefühl, Eindruck zu schinden. In Wirklichkeit ist das Gegenteil der Fall: Wenn in den Köpfen der Menschen Durcheinander herrscht, dann spielen die Disketten verrückt, dann werden die Wörter in der Mundhöhle zu einem Riesensalat angerichtet und anschließend ungewürzt und unkontrolliert herausgespult. In der Kürze liegt die Würze. Je weniger Konzentration herrscht, desto länger werden die Sätze. Wehe dem, der dabei Bandsalat produziert!

Mit anderen Worten

Dumm daherreden kann jeder, gut sprechen ist die große Provokation unserer Zeit. Gut sprechen bedeutet, Erfolg haben, Sympathie verschaffen, Beziehungen aufbauen. Was das bedeutet, wollen wir später zeigen. Wie man mit unserer Sprache umgeht, was man verbessern, gestalten und erreichen kann, zeigt unser kleiner Ausflug in die schillernde Landschaft einer Sprache, die alle unsere Leser besonders brennend interessieren wird: die Sprache Deutsch.

Deutschland – einst Land der Dichter und Denker, heute Land der Beamten und Verwaltungen! Keine Umgangssprache dieser Welt ist heute vermutlich so stark von ihrer Administration geprägt wie die deutsche. Ganze Berufszweige wie Kabarettisten und Schriftsteller können sich davon ernähren, die sprachlichen Hydren der Paragraphen, Politiker und Einkommensteuererklärungen zu parodieren. Die Sterilität eines Wetterberichtes ist von einer Konversation zwischen Vater und Sohn in einer

deutschen Familienserie kaum zu unterscheiden. Viele von uns sind sogar in der außergewöhnlichen Lage, "wie aus dem Gesetzbuch" zu reden und Elemente der Schriftsprache in die Umgangssprache einzuarbeiten, im Imperfekt zu reden oder ständig den Infinitiv zu benutzen...Zeichen der kommunikativen Anonymität.
Man hat Angst, sich mitzuteilen, verbirgt das einzelne hinter dem Allgemeinen und trägt das kommunikative Schutzschild der Gesetzesbücher vor sich her – denn aus diesen schönen Werken stammt das neue deutsche Stilvokabular. Die Sprache der Juristen und Erbsenzähler hat obsiegt. Der Grund dafür ist simpel: Wer die Sprache der Gesetze spricht, kalkuliert mit dem Gedanken, daß man sich vor ihm beugt. Er suggeriert eine Instanz hinter seiner Person und erwartet Respekt.
Die deutsche Amtssprache wurde nicht von Goethe und Schiller erfunden, sondern von gewitzten Füchsen, die hinter jeder Wortschlange tausend Klauseln versteckt haben, die im richtigen Zeitpunkt zubeißen können.

Aus diesem Grunde erfand man die "Zwangseinweisung" der Worte. Man beschloß, einzelne Wörter zu einem Teig zu kneten, der entweder schwer und träge wird oder nach einer Weile austrocknet. Schöne Worte entstanden: Wir sprechen von "Kreditinstituten", wenn wir Sparkassen meinen, oder vom "öffentlichen Schienenverkehr", wenn wir die einst so malerische "Eisenbahn" meinen. Oder es ist stundenlang von "östrogenhaltigen Beständen" die Rede, wenn wir über "Schweine" sprechen. Wir lieben anscheinend diese illustren Abkürzungen wie "IKRK", weil wir glauben, die Rede vom "Internationalen Komitee des Roten Kreuz" sei zu einsilbig. Wir gehen auf der "lauffreudigen Keilsohle", befinden uns in einem "Sachzwang" oder plappern von Dingen, die nichts "enthalten", aber etwas "beinhalten". Heute spricht kein Mensch mehr von "Mode", die, wie wir alle wissen, vergänglich ist, sondern vom "Zeitgeist", der seinerseits längst in die Grüfte des Nichtssagenden enthuscht ist.

Unzählige Beispiele könnten hier Pate stehen von langen Worten mit kurzem Sinn, von Sätzen, die, wie wir eingangs schon erwähnten, toll klingen, aber nicht viel Sinn machen, von Ausdrücken, die unter der Knute der Formalsprache herausgepeitscht wurden, oder, wie wir an dieser Stelle noch einmal deutlich betonen wollen, von Sätzen, die, um unser obiges Argument noch einmal zu stützen, vollkommen aus den Fugen geraten, da sie, wie eben gerade jener Satz, den Sie hier zum Lesen verdammt sind, beweist, eine totale Verschachtelung durchgemacht haben, so daß Sie, lieber Leser, vor lauter eingeschobenen Nebensätzen und Kommas diesen schönen Satz, wie er jetzt hier steht, gleich noch mal von vorne lesen dürfen, weil der Schreiber dieser Zeilen sich anmaßt, einen Satz so schreiben zu können wie einst Thomas Mann, der in der Lage war, einen Satz zu konstruieren, der sich über zwei Seiten erstreckt, bis niemand mehr ein Subjekt von einem Prädikat unterscheiden kann, und Sie deshalb leider schon längst vollkommen den Überblick verloren haben, was nun letztendlich natürlich eine absolute Zumutung darstellt und eine Einschränkung Ihres Lesegenusses zur Folge hat.

Die neue Bescheidenheit der Sprache

Der Logiker Gottlob Frege sagt, jeder Satz sei Träger eines einzelnen Gedankens. Wenn wir zwei oder mehrere Sätz ineinanderschachteln, liefern wir eine sprachliche Unverschämtheit ab. Kein Mensch kann zwei Gedanken auf einmal denken, warum zwingt man ihn, zwei Gedanken auf einmal wahrzunehmen?
Kurz und gut: Wir haben allesamt nie gelernt, daß kurze Worte und kurze Sätze etwas

Gutes sind. Weder die Lehrer noch die Eltern haben uns beigebracht, daß es einfach ist, sich kompliziert auszudrücken, aber kompliziert, sich einfach auszudrücken. Ein klarer Gedanke, ein klarer Satz – für viele ein Traum. Wir haben Angst davor. So gut gesprochen, so schnell verflogen. Lieber eine neunzigminütige nichtssagende Talkshow als fünf Minuten Prosa, das hält ja kein Mensch aus. Wer Zeit zum Sprechen hat, hat auch mehr Zeit zum Täuschen und Betrügen. Wer sich kurz fassen kann, ist auf seine Ehrlichkeit angewiesen.

Es gibt nur wenige Menschen, die keine großen Worte machen und trotzdem etwas zu sagen haben, sobald sie den Mund aufmachen. Wir prophezeien Ihnen: Diese Leute sind die Manager von morgen. Die neue sprachliche Bescheidenheit wird sich durchsetzen. Kein Mensch will mehr mit Leuten verhandeln, die ihm mit unnötigem Vertretergeschwätz die Zeit stehlen oder vor seinen Ohren ein akustisches Schubladenprogramm ablaufen lassen. Wir wollen mit Leuten verhandeln, die nicht mehr verhandeln wollen. Wir wollen mit Menschen zusammenarbeiten, die nicht voneinander profitieren, sondern miteinander Konzepte entwickeln, Ideen formulieren und arbeiten.

Doch zunächst verraten wir Ihnen

Zehn goldene Regeln für gutes Sprechen und gute Gespräche:

1. Die Krönung der Sprache ist der Hauptsatz. Versuchen Sie mal, zehn Hauptsätze ohne einen einzigen Nebensatz hintereinander zu formulieren. Wenn Sie es schaffen, sind Sie verdammt gut. Das waren zehn kernige Aussagen, mit denen jeder etwas anfangen kann.

2. Vermeiden Sie komplizierte Nebensätze. Sie wirken ansteckend. In ihnen stecken schräge Subjekte, die Sie zu weiteren Nebensätzen animieren. Und schon wird der Satz zum Bandwurm.

3. Beginnen Sie jeden Satz mit einem bestimmten Artikel. Das stärkt ihr verbales Selbstbewußtsein und verhilft dem Satz zu Klarheit und Eindeutigkeit.

4. "Normal" statt "formal": ohne komische Begriffe, schicke Fremdwörter, Anglizismen, verbale Doppeldecker und eingeschobene Gedanken.

5. Kommen Sie beim Reden sprichwörtlich auf den Punkt. Wer den Punkt geistig im Auge hat, kommt ans Ziel.

6. Bilden Sie Sätze, die nicht mehr als 12 Wörter zwischen Subjekt und Prädikat haben.

7. Vermeiden Sie das beliebte "Rätselspiel". Es zählen nur die nackten Fakten, nicht die verschrobenen Gedanken. Joseph Conrad ist durch Romane bekannt geworden, bei denen sich der Leser die zweite Hälfte dazudenken muß. Aber weder wir noch Sie heißen Joseph Conrad.

8. Kommunizieren Sie nach dem kategorischen Imperativ: Ich will meinen Partner verstehen, also soll mein Partner auch mich verstehen!

9. Wenn es um einen komplizierten Sachverhalt geht, vermeiden Sie komplizierte Wörter. Gehen Sie weg vom Formaldialog und suchen Sie sich ein Bild, mit dem Sie die Situation passend beschreiben. Nach ein paar Trainingsrunden wird Ihnen das "Talking by Painting" großen Spaß bereiten!

10. Verwenden Sie Wörter der deutschen Sprache. Sagen Sie "stibitzen" statt "entwenden", "Hirsch" statt "Wildbestand", "Liebe" statt "Zweierbeziehung". Das ist gut gegen trockenen Hals, fördert den Mut zum Ausdruck und macht Sie menschlich. Als Fundus steht die deutsche Literatur vom Nibelungenlied bis Ulli Becker bereit.

Dialog ist Kunst

Somit hätten wir den geschäftlichen Dialog unter Dach und Fach. Wenn Sie überlegener Meister der überzeugenden Sprache werden wollen, empfehlen wir die Kunst des neurolinguistischen Programmierens.
In den USA haben sich ein Linguist und ein Informatiker in den siebziger Jahren daran gemacht, systematisch die Voraussetzungen und Ursachen des Erfolges in den Bereichen Kommunikation und Verhalten zu erforschen. Sie haben dabei herausgefunden, nach welchen Mustern erfolgreiche Kommunikation verläuft, wie Sprache wirkt und funktioniert und wie innere Denkprozesse aussehen und sich positiv beeinflussen lassen. Wenn wir die Möglichkeit des neurolinguistischen Programmierens (das wir ab hier unverschämter Weise mit NLP abkürzen werden) kennen, können wir komplizierte Prozesse, die bei jeder zwischenmenschlichen Begegnung ablaufen, besser verstehen und konstruktiver miteinander umgehen.
Wie NLP wirken kann, beweist die Geschichte eines NLP-erfahrenen Freundes:
"Ich fuhr mit einem befreundeten Anwalt zum Gericht. Dort hatte er eine schwierige Verhandlung zu führen. Unterwegs bat ich ihn, mir seine erfolgreichsten Prozesse zu schildern. Da kam er natürlich ins Schwärmen, erzählte eine Geschichte nach der anderen und triumphierte am Ende jeweils in höchsten Tönen über seine großartige Leistung. Genau in diesem Augenblick stieß ich jeweils zwischen den Zähnen einen Laut aus, um meine Anerkennung auszudrücken, etwa ein 'Tst, Tst', das man in dieser Situation gerne unbewußt macht. Vor lauter Reden standen wir auch schon vor dem Gericht, die Verhandlung begann, ich saß in der vordersten Reihe und beobachtete das Geschehen.

Es sah überhaupt nicht gut aus für meinen Freund. Die Gegenargumente prasselten wie Hagel auf ihn ein, er kam überhaupt nicht zum Zuge, konnte weder eine griffige Argumentation aufbauen, geschweige denn die Geschworenen für sich gewinnen. Alles schien verloren, der Anwalt war nicht in Form. Als er das nächste Mal zum Reden ansetzte, da machte ich wieder dieses leise Geräusch, das ich vorhin auch auf der

Autofahrt ausgestoßen hatte, und wiederholte es im Laufe seiner Rede. Plötzlich lief er zu Hochform auf. Er brillierte geradezu, dreht den Spieß nochmal gewaltig um und setzte seinen Gegner rhetorisch schachmatt. Schließlich hatte er den Prozeß für sich entschieden. Als wir später wieder im Wagen saßen, fragte er mich: 'Sag mal, warum hast du eigentlich vorhin im Gerichtssaal immer dieses komische Geräusch gemacht? Das hat mich vollkommen irritiert.'
Ich antwortete ihm: 'Es war dasselbe Geräusch, das du unbewußt wahrgenommen hast, als du vorhin von deinen besten Fällen erzählt hast. Deshalb hast du dich wieder daran erinnert, und dies hat dir unbewußt Kraft gegeben.'"

Sprechen ist kein Geheimnis mehr – jeder kann mithören

Ein weiteres Beispiel aus der breiten Palette des NLP. NLP ist die Kunst, alle physischen Eigenschaften des Menschen in die Sprache einzubeziehen und auf sie zu reagieren. Es gehört natürlich schon ein bißchen Training dazu, solche Resultate zu erzielen wie in unserem Beispiel. Die Beweiskraft liegt jedoch auf der Hand. Schon aus der Psycholinguistik ist bekannt, daß man Stotterer mit einem unterschwelligen "MMMhhh"-Ton beruhigen kann. Oder daß ein ständiges "Ja!Ja!Ja!" bedeutet: "Der will mich mundtot machen."
Eines steht fest: Wer neurolinguistisch programmieren und reagieren kann, der stellt eine Beziehung zwischen den Menschen her. Und das ist im Grunde das wesentliche Merkmal der Kommunikation: Sie fällt uns immer schwerer, weil die "Chemie" nicht stimmt. Kommunikation nach dem Reiz-Reaktion-Schema genügt nicht mehr. Sprache bedeutet Austausch und Integration.

Der Grund dafür liegt auf der Hand: Wir befinden uns im telekommunikativen Zeitalter. Wir sprechen die meiste Zeit nicht mit Menschen von Angesicht zu Angesicht, sondern über Telefon oder Telefax. In vielen Fällen haben wir sogar diese Menschen noch niemals leibhaftig gesehen, denn die Geschäfte lassen sich auch ganz leicht ohne ein ständiges Tête-à-tête abwickeln.

Der amerikanische Telefonberater George Walther sieht darin eine ganz wesentliche Veränderung im Geschäftsleben. Die Telekommunikation bereitet vielen Unternehmen große Schwierigkeiten – sie ist aber auch eine ganz große Herausforderung. Das Telefon ist für Walther das Marketinginstrument der Zukunft. Schon heute findet in vielen amerikanischen Unternehmen ein Großteil des Service übers Telefon statt – mail-order statt Einkaufsbummel.

"Das Telefon", erläutert der strahlende Hüne aus Seattle, "ist bis heute eines der meistunterschätzten Kommunikationsmittel unserer Zeit. Es stellt eine unmittelbare Verbindung zwischen dem Kunden und dem Unternehmen her. Und wann hat man schon einmal die Chance, mit seinen Käufern reden zu können und sie hautnah zu betreuen? Eine Gelegenheit, die die meisten heute noch verpassen. Statt dessen verkehren sie mit Anrufern meistens auf die brutale Tour: Eigentlich sind sie nur Störenfriede, also läßt man sie in der Leitung 'verhungern'. Oder man wimmelt sie ab, bis sie nach dem dritten Mal verärgert einhängen und die Geschäftsbeziehung abbrechen. Meistens wissen die oberen Manager nicht einmal, was in ihrer Hauskommunikation alles vorgeht. Sie bekommen dann Anrufe wie zum Beispiel: Guten Tag Herr Schmitt, finde ich ja nett, daß ich Sie mal an die Leitung bekomme, ich versuche es jetzt seit geschlagenen drei Wochen. So kann man keine Beziehung aufbauen."

Deshalb hat George Walther das Buch "Phone Power" geschrieben. In "Phone Power" zeigt er auf, daß die Telekommunikation eines Unternehmens zum wichtigsten Marketinginstrument überhaupt werden kann – billiger als jede Ausschreibung, effektiver als jede Werbung. Es kommt eben nur darauf an, wie ein Unternehmen telekommuniziert. Die Telefonistinnen und Sekretärinnen sind laut Walther vielfach immer noch unterschätzte Mitarbeiter. Dabei haben gerade sie den Draht zum Kunden und können daher das meiste auf dem Gebiet der Kommunikation leisten. Entweder ist ein Kunde zufrieden, oder er ist es nicht. Das entscheidet meistens ein einziger Anruf.

"Phone Power" ist die Kunst, das Telefon zur wirklich nützlichen Hilfe im Geschäftsleben zu machen. Der Umgang mit dem Telefonieren wird oftmals über Erfolg oder Mißerfolg eines Unternehmens entscheiden.

George Walther sagt: "Das schnelle Geschäftchen wird es in Zukunft nicht mehr geben. Erstens, weil sich die Akquisitionskosten für immer neue Kunden auf Dauer ins Unendliche steigern, und daran sind schon ganze Unternehmen gescheitert. Und zweitens, weil eine gute, langfristige Beziehung zu einem Kunden auf Dauer Zufriedenheit und Erfolg schafft. Die Voraussetzungen dafür sind jedoch ein Höchstmaß an Aufrichtigkeit und Ehrlichkeit. Wer sich platt verkauft, schnell auf Vertragsunterzeichnung drängt und anschließend verschwunden ist, hat auf Dauer keinen Erfolg. Wer am Telefon lügt, ist geschäftlich zum Tode verurteilt. Die Unternehmen werden in Zukunft ihre Telefonannahmestellen immer weiter ausbauen, ihr Telefonpersonal besser schulen und durch eine 'Corporate Language' die Philosophie ihres Unternehmens permanent in wörtliche Rede umsetzen.

In den Vereinigten Staaten werden die Kunden sogar schon telefonisch betreut. Durch die sogenannten 'quarterly update calls' werden die Verbraucher alle drei Monate regelmäßig angerufen und gefragt, ob sie mit dem Produkt nach wie vor zufrieden seien oder ob es Grund zur Beanstandung gäbe. Die meisten Kunden sind dann so angenehm überrascht, daß sie auf viele Jahre hin feste Kunden bleiben. Sie fühlen sich nicht nur gut betreut, sondern spüren, daß jemand eine gute, aufrichtige Beziehung zu ihnen aufbauen will. Ich sage Ihnen: Nur gute Ethik macht in Zukunft gute Geschäfte!"

Deshalb unser Ratschlag: Führen Sie einen inneren Monolog. Denken Sie mal darüber nach, wie Sie sprechen, Dialoge führen, verhandeln. Überlegen Sie sich, wie man die Kommunikation Ihres Unternehmens zu einer "Corporate Language" verwandeln kann, so daß jeder Anrufer angenehm überrascht sein wird, wenn er sich bei Ihnen meldet. Und seien Sie gespannt auf die technischen Möglichkeiten, die die Kommunikation bald noch wesentlich sinnvoller und angenehmer machen werden!

Es gibt viel zu tun in der Kommunikation. Ein Mann wie George Walther hat deshalb gut lachen. Er hat sich als Telefonberater selbständig gemacht und zeigt Unternehmen in aller Welt, wie man Sprache, Kommunikation und ihre Techniken richtig und effizient anwendet. Dieses Talent ist ihm schließlich in die Wiege gelegt worden: Sein Vater war dreißig Jahre lang Angestellter bei "Pacific Bells".

Weiterführende Literatur

Herder, Johann Gottfried: Abhandlung über den Ursprung der Sprache. Stuttgart 1966.

Kraus, Karl: Magie der Sprache. Ein Lesebuch. Frankfurt am Main 1976.

McLuhan, Marshall/Fiore, Quentin: Das Medium ist Message. Frankfurt am Main 1984.

Schneider, Wolf: Wörter machen Leute. Magie und Macht der Sprache. München [5]1989.

Schneider, Wolf: Deutsch für Profis. Wege zum guten Stil. Hamburg [7]1989.

Humboldt, Wilhelm von: Schriften zur Sprache. Stuttgart 1973.

Walther, George: Phone Power. Das Telefon als effektives Erfolgsinstrument. Düsseldorf 1989.

Zimmer, Dieter E.: So kommt der Mensch zur Sprache. Zürich 1988.

Zimmer, Dieter E.: Redens Arten. Über Trends und Tollheiten im neudeutschen Sprachgebrauch. Zürich 1986.

Intuition

Der Verstand darf nicht dazwischenreden und seine uneingelösten Blankoscheine zwischen die eingelösten schmuggeln (. . .). Also möglichst wenig Verstand, aber möglichst reine Intuition.

Edmund Husserl, *Die Idee der Phänomenologie*

meiré und meiré
Die Ästhetik in der Kommunikation

Das Licht geht aus. Nur die Bühne ist in helles Scheinwerferlicht getaucht, und das ganze Publikum wartet gespannt auf den großen Augenblick. Fünf Männer erscheinen und plazieren sich vor den Musikinstrumenten, die das Rampenlicht offenbart.
Seit einem Jahr haben sie nicht mehr in dieser Formation gespielt. Seit über zwanzig Jahren gelten sie als eines der modernsten, innovativsten und wichtigsten Ensembles des Jazz.
Es herrscht Totenstille. Nichts passiert. Außer daß die fünf Afroamerikaner, alle schweigend, an die Decke starrend, die Arme gekreuzt, eine lange Minute verharren, bis sie endlich den Bann brechen und zu ihren Instrumenten greifen. Was nun folgt, ist eine musikalische Tour de force: Ohne eine einzige geschriebene Note, ohne ein einziges Wort der Abstimmung, ohne eine einzige dirigierende Handbewegung, aber mit einer traumwandlerischen Sicherheit driftet das "Art Ensemble of Chicago" von Improvisation zu Improvisation, von Rhythmus zu Rhythmus. Jedes Thema sitzt, jeder Einsatz stimmt. Diese Musikart, die von individuellem Können und kollektivem Bewußtsein gespeist wird, hat im "Art Ensemble of Chicago" einen ihrer erfolgreichsten Vertreter der Jazzgeschichte gefunden.
In Sachen Intuition sind sie fast unschlagbar. Sie ziehen ihr Publikum magisch und magnetisch in Bann. Eine menschliche Anlage, von der Gruppierungen und Formationen unterschiedlichster Couleur nur zu träumen wagen.
Intuition ist eher eine Kraft als eine Begabung. Intuition ist in jedem "drin".

Die Vision bestimmt das Ziel, das alle Aktivitäten, die Organisation und Struktur des "Ensembles" prägt. Die Vision ist der Dynamo des Unternehmens, die Intuition ist ihr geistiges Getriebe. Dort, wo sie nicht vorhanden ist, gibt es auch kein Unternehmen, sondern nur ein klappriges Gerüst aus Produzenten und Verwaltern.
Intuition ist die Kunst des individuellen und kollektiven Erahnens, in dem jede soziologische Struktur seine Wurzeln hat. Wer seine geistigen Ahnen im Blickfeld hat, führt einen unantastbaren Dialog mit Dingen, die eben nicht innerhalb der Verstandeskategorien zu finden sind. Je mehr eine Institution von ihrer Intuition behalten hat, desto mehr Erfolg wird sie haben. Denn Intuition bedeutet Zusammenspiel. Haben Sie schon einmal solch ein Glücksgefühl erlebt? Wissen Sie, wie es ist, wenn man sich mit geschlossenen Augen die Bälle zuwerfen kann und genau weiß, wie der Ablauf, die Strategie des Spiels zu bestimmen ist?

Bei einem Mannschaftsspiel gibt es oft solch "zauberhafte" Momente. Fast jeder Spieler kann eine Geschichte davon erzählen. Er fühlte sich dabei wie in Trance und setzte mit vollkommen ausgeschalteter Ratio ein Tor nach dem anderen, konnte den Spielverlauf bereits im voraus abschätzen und wußte genau, wo die einzelnen Partner standen und...daß er sich hundertprozentig auf sie verlassen konnte.

Der Basketballspieler David Russell von den "Boston Celtics" in einem Interview mit einem Sportmagazin:

"Da gab es in manchen Spielen einen ganz besonderen Zustand. Plötzlich verlief das Spiel ganz nach meinem Willen, nichts konnte mich mehr überraschen, ich spürte die Kraft, die von mir und allen anderen ausging, die geheimen Absprachen, ohne daß irgend jemand ein Wort aussprach, und ich konnte mich auf jeden verlassen. Das ganze Spiel verlief von diesem Punkt wie in Zeitlupe, ich konnte jeden Schritt, jede meiner Handlungen und die der anderen Leute vorherberechnen, jeden Spielzug innerlich prophezeihen, das Spielgeschehen steuern. Es war eine magische halbe Stunde, in der ich ein hellwaches Bewußtsein hatte und dies auch bei den anderen spürte, automatisch die richtigen Entscheidungen traf und fast selbstverständlich das Spiel für meine Mannschaft entschied."

Das muß nicht nur im Sport funktionieren. Im Idealfall ist jedes Unternehmen eine Mannschaft dieser Art. Der Ballführer spürt die Präsenz des anderen, den Mitspieler im Rücken, stürmt nach vorne, bis ihm alle Angreifer entgegenkommen, um dann voller Selbstsicherheit den Ball nach hinten zu geben, ohne sich umzuschauen, er gibt ab, und kein Gegner kann Ihnen das Wasser reichen. Sie sind unschlagbar. Eine wunderbare Vorstellung! Nur ... Wie kommt man dorthin?

Intuition bedeutet Zusammenspiel

Intuition kommt nicht von selbst und ist nicht auf einmal da. Intuitive Kraft und Zusammenhalt von innen hängen vornehmlich von den Menschen und Charakteren ab, die "im Spiele" sind. Jeder kann sich auf jeden verlassen, jeder denkt mit, jeder weiß genausoviel und -sowenig wie der andere. Alle müssen am gleichen Strang ziehen – und zwar feste.

Der Verstand ist zwar schön und gut – aber er hilft uns in puncto Dynamik nicht weiter. Er kann nur feststellen, registrieren, aber nicht weiterdenken, bewegen, motivieren.

Intuition ist das Gegenteil von Analytik. Was die Analyse hervorbringt, nimmt die Intuition auf, um Dinge weiterzuentwickeln. Jedoch nicht bewußt, sondern unbewußt. Was die Intuition überhaupt treibt, das ist ihr Geheimnis. Wir wollen es den Psychologen und Wissenschaftlern überlassen herauszufinden, wie die Intuition funktioniert. Wir zeigen Ihnen, wie diese mentale Blüte, die meistens ihr Dasein als Mauerblümchen fristet, zur vollen Reife einer blühenden Unternehmenskultur werden kann. Auch wenn Sie zufällig nicht Mitglied eines New-Jazz-Ensembles oder einer Basketballmannschaft sind, werden Sie sicherlich einige Dinge wiedererkennen und einige Tips dazulernen können, wie man intuitiv gewinnt. Also, lassen Sie sich fallen!

Wie Edmund Husserl, der Wegbereiter der Phänomenologie zu Beginn des 20. Jahrhunderts, erläutert hat, unterscheidet sich Tatsache von Wesen, natürliches Bewußtsein von reinem Bewußtsein, immanentes vom transzendentalem Wesen. Husserl ging es darum, das natürliche, "normale" Bewußtsein systematisch "auszuschalten", um schließlich in die Sphäre des reinen Bewußtseins zu gelangen, das fernab von Tatsachen das "Wesen" erfaßt und mittels intuitiver Kraft eine ganz andere, aber viel wirklichkeitsnähere Bewußtseinssphäre erreicht. Schritt für Schritt, in einem meditativen Gang, gelangt man zu dieser Bewußtseinsebene. Der große Philosoph spricht im Zusammenhang mit dem gefundenen reinen Bewußtsein von Wahrheit.
Sollte das, womit wir uns im Alltag beschäftigen, das tagtägliche Einerlei, gar nichts mit "Wahrheit", sondern nur mit bloßen "Tatsachen" zu tun haben?

Genau. Wenn wir mal gründlich überlegen, haut Husserls hier platt angedeutete Theorie hin. Unser Bewußtsein ist darauf geeicht, die Dinge wahr und wichtig zu nehmen, zu analysieren und konkretisieren und so lange vernünftig zu bearbeiten, bis sie "vom Tisch" sind. Und dann haben wir alles vergessen. Eines Tages haben wir auch den Sinn und das Wesen unserer Tätigkeiten in die Ablage gelegt, wissen gar nicht mehr, wozu wir das alles machen und starren in eine große Leere. Wir widmen uns den nächsten Aufgaben. Aber woher nehmen wir die Kraft, solch absurde Prozesse überhaupt zu ertragen, wie ein Hamster ständig im Rad herumzudrehen, was ist das Credo unserer Leistung? Wie, haben Sie's vergessen?

Selbstvergessenheit ist das Ende der Intuition – Selbstlosigkeit ist der Anfang

Je intuitiver ein individueller Mensch denken, handeln, leben und arbeiten kann, desto mehr fügt er sich in die Zeit und in seine Gruppe. Er versucht nicht, alles laufend zu analysieren, abzulegen und abzuwarten, sondern bewegt sich ständig fort. Der intuitive Mensch ist nicht zu packen, er ist sich dessen, was er denkt und tut, niemals voll bewußt – und gerade das ist seine Stärke. Wenn er unaufhörlich alles zurückverfolgen, verarbeiten und neu aufrollen würde, käme er überhaupt nicht vom Fleck. Statt dessen sieht er seinen Sinn in der Automation seiner Gefühle und Bedürfnisse. Genausowenig wie Gefühle sich vollends erklären lassen, läßt die Intuition es zu, daß man sich über sie Gedanken macht. Intuitive Menschen denken nur im Bauch. Was ihnen zu Kopfe steigt, kann nicht gut sein. Sie sind, wie Sie ahnen, besonders in den höheren Etagen der Wirtschaft zu finden – meistens sogar auf dem Chefsessel. Und nur durch irrationale Entscheidungen, scheinbar "kopflose" Ideen und Spinnereien sind sie dorthin gekommen!
Ihre Art der Produktion ist nicht mit der herkömmlichen Art der Herstellung zu vergleichen. Ihr geistiges Fließband zaubert immer neue Dinge hervor – nie dieselben.

Was in ihnen fließt, müssen andere auffangen und verarbeiten. Das wichtigste Element dieser meditativen Denkweise ist das Gefühl. Je stärker die Gefühle, desto sicherer die Entscheidungen, je mehr Bauch, desto mehr Garantie für Erfolg.

Invitation zur Intuition

Wie kann man intuitives Denken trainieren? Wie kann man seine Anlagen entdecken?

Wer öfters Magenschmerzen hat, macht nicht nur in Sachen Ernährung etwas falsch. Ihm fehlt neben Vitaminen auch die Intuition. Er konzentriert sich zuviel. Er hat Kopfschmerzen. Wer sich konzentriert, verliert alles andere aus dem Blickfeld. Er widmet sich nur ganz dieser einen Aufgabe und vergißt dabei sowohl das ganze Umfeld wie auch seine Mitspieler im Team. Wie kann so jemand noch einen Ball abgeben? Also Schluß mit dem ganzen Verstandesdenken, "weniger Verstand, dafür aber möglichst reine Intuition" (Husserl).

Dezentrieren Sie sich. Nur durch Zerstreuung erreicht man einen Punkt, an dem alles Starre zu fließen beginnt. Ihre Gedanken, Ihre Vorstellungen, Ihre Arbeit. Die Zeit strömt, strömen Sie mit ihr mit. Lassen Sie sich gehen, lassen Sie sich fallen, tun Sie alles andere als Ihre Arbeit! Wir kommen zu intuitivem Denken, indem wir auf unserer Fahrt die eigentliche gedankliche Bahn, unser Thema, verlassen, um es auf der Nebenspur heimlich zu beobachten. Wir haben unser Thema einfach in den Hinterkopf geschaltet, wir lassen es fließen und sind im wahren Sinne des Wortes "voll daneben".
Wer wagt es schon, solch eine Höllenfahrt zu unternehmen? Aber auf einmal wird alles leichter. In dem Moment, in dem Sie nicht mehr so verkrampft über ein Problem nachdenken, löst es sich. Wie oft haben Sie ein Problem nach einer stundenlangen, schweißtreibenden Sitzung zur vollen Zufriedenheit gelöst? Aber wie oft haben Sie auf einmal während des Joggens, im gestreckten Galopp oder in der Badewanne plötzlich einen gordischen Knoten gelöst, bei dem Ihnen das Wasser schon bis zum Halse stand?
Nun, oft genug haben wir während der Zigarettenpause auf der Toilette autogenes Training gemacht, jeden Morgen im Angesicht der aufgehenden Sonne nackt Tai-Chi absolviert und das Wochenende mit Sportterminen zugepflastert. Das ist ja auch sehr schön, und man geht "den Alltag" ganz anders an. Dann fühlt man sich viel gelöster, sieht alles nicht so kompliziert und wartet, wie lange dieser Zustand anhält. Aber wie erreicht man den intuitiven Zustand permanent?

Distanz gewinnen. Vollkommen abdrehen. Nicht bei der Sache sein, wenn es drauf ankommt, das ist die Devise der Zeit. Schlau sein, kluge Sprüche machen, Entscheidungen rezitieren, das kann doch jeder. Aber im Geiste neben sich stehen, mit dem Kopf im Bauch stecken und von dort Entscheidungen treffen, das ist nichts für hartgesottene Problemaussitzer, das traut sich keiner der Unternehmensspießer. Die sagen sich: "Alles zu seiner Zeit", haben immer nur eine einzige Sache im Kopf und quälen sich so lange damit herum, bis sie endlich vom Tisch ist. Sinn und Zweck des Unterfangens werden oft im Laufe des ganzen Prozesses vergessen. Es geht um Erledigungen. Ein rein formales "Spielen auf Zeit".

Intuition ist Integration

Wir wollen jedoch Tore schießen. Und dazu brauchen wir eine Mannschaft, die an

sich selbst und an die anderen glaubt und die weiß, warum sie das tut. Wir haben keine Zeit für große Überlegungen. Wir legen direkt los, und mittels intuitiver Kraft können wir uns auf jeden einzelnen verlassen. Nur dann werden wir ungewohnte Ereignisse, unvergeßliche Erlebnisse oder unheimliche Überraschungen erleben. Denn dann kann endlich jeder aus sich herausgehen, um wiederum seinen persönlichen Beitrag für alle zu leisten.
Was macht der Lehrer Keating in dem Film "Der Club der toten Dichter"? Er zwingt seine Poetikstudenten, die schlechte Einleitung ihrer Lektüre herauszureißen, sich auf den Tisch zu stellen und von dort aus die Aussicht zu genießen, oder er läßt als Begleitmusik zum Footballspiel Beethovens "Freude schöner Götterfunken" vom Grammophon spielen.
Schließlich finden die zu Fleiß und Disziplin erzogenen Knaben nicht nur eine Seele in der Dichtung, sondern auch in sich selbst und werden durch dieses gemeinsame Glück zu einem "Club" zusammengeschweißt. Es gibt wohl kaum ein schöneres Beispiel für intuitive Gruppen: Alle lernen, leben und erleben miteinander, voneinander, füreinander. Sie stehen alle Ängste miteinander aus, sind neugierig aufeinander, verfolgen die Entwicklung der anderen. Sie sind ein typisches Beispiel für die Generation der "Beatniks" in den fünfziger Jahren, deren oberstes Prinzip es war: "Everything is interesting" (Alles ist interessant). Ebenfalls ein wichtiges Element für intuitives Lernen.

Alles ist interessant – also verpassen Sie nichts!

Nehmen Sie grundsätzlich alles mit – alles, worauf sie bisher zugunsten von Überstunden verzichtet haben. Wenn Sie nicht die Planken schrubben, sondern das Steuer halten wollen, müssen Sie loslassen können. Verpassen Sie nichts – kein Theaterabonnement, kein Konzert, kein wichtiges oder schönes Buch. Stürzen Sie sich in übermäßige Schulden, indem Sie Abos, Platten, Bücher kaufen. Ziehen Sie sich alles, was die Kultur und das Leben bietet, in Überdosen rein. Einen Porsche kann jeder fahren, ein Geschäftsessen ist genauso langweilig wie das nächste, aber was schult die Intuition und die Begeisterung mehr als die Vielfalt der Kultur, zum Beispiel ein Konzert, bei dem, wenn man Glück hat, sogar die "magische Welle" der Intuition zu spüren ist?

Wenn Sie sich dann endlich mit etwas Vernünftigem auseinandersetzen statt mit Tabellen, Zahlen und Problemen, dann kommen wir zu den Tabellen, Zahlen und Problemen. Da Sie jetzt die Zeit nutzen, gerne im Auto Literaturkassetten und entspannende Musik hören und während des Briefschreibens grundsätzlich den Walkman auf den Ohren haben, wird die Sache für Sie viel leichter. Sie sind in anderen geistigen Sphären, Sie erledigen Ihr Tagespensum mit einer ganz anderen Haltung. Alles, was Sie tun, ist von Ihrem geistigen Background geprägt. Sie beschäftigen sich mit dem, was Sie jetzt im Augenblick für sich wichtig finden und was Sie sich sonst nur samstags nachmittags auf der Corbusierliege getraut haben – das gute Buch, die schöne Musik, das wunderbare Gedicht, bei dem Sie damals so heulen mußten...
Warum sollte man das Gefühl haben, im Laufe der Berufsjahre "nichts mehr mitzukriegen", "langsam zu verblöden" und "immer enger in den Firmenkategorien zu denken", aus denen man eines Tages nicht mehr herauskommt? Warum soll man nur seine Marktkenntnisse und nicht auch das Gefühl schulen? Soll es denn bei den ewigen blöden Weißwein-Architektur-Möbel-Gesprächen bleiben? Wollen Sie statt

dessen nicht lieber einmal über das sprechen, was Sie wirklich bewegt, fasziniert, prägt? Wollen Sie sich nicht viel lieber Ihrem Gegenüber preisgeben, so wie es die Manager in diversen Spielen und Seminaren im Kreativen Haus tun? Aussagen wie die oben zitierten stapeln sich in unserem verbalen Kummerkasten. Sie führen zu Selbstentfremdung und Identitätslosigkeit. Vom Unternehmen bleibt nur noch eine Hülle. Fast allen Unternehmern, die uns besuchen, wird hier erst angesichts der Distanz und im Laufe der Aktivitäten, die wir mit ihnen anstellen, bewußt, daß sie "so etwas schon seit Jahren nicht mehr gesehen und gemacht" haben. Konzepte müssen her, mit denen man das Unternehmen nicht nur auf intuitives Denken, sondern auch auf Lebensintegration trimmt!

Intuitives Management führt zum Erfolg

Eine Kölner Werbeagentur hat sich das Prinzip Intuition sozusagen "intuitiv" auf die Fahnen geschrieben. Anfangs gab es keine Werbeagentur, sondern die Zeitschrift *apart*. *apart* bestand aus achtzig Seiten wilder und neuartiger Layouts und dem Willen der Brüder Meiré, ein Magazin zu machen, das die Welt noch nicht gesehen hat. Im Grunde setzte sich *apart* nur aus den Ideen, Vorstellungen und Inhalten zusammen, die Michael und Marc Meiré im Laufe ihres Lebens wahrgenommen hatten und mit denen sie sich beschäftigten – eine Einheit von Leben und Arbeit. Doch nicht nur das Brüderpaar ist durch seine intuitive Beziehung zueinander perfekt. Andere gesellen sich hinzu, die teilweise die gleichen Vorstellungen haben, teilweise ihre eigenen persönlichen Vorstellungen realisieren können. So wird *apart* zu einer Spielwiese der Kreativität, auf der sich ein Kollektiv von sechs Leuten von morgens bis nachts austoben kann. Aus dem Stamm von *apart* wächst eine idealistische Gang, die den ganzen Tag über Entwürfen und Ideen brütet und sich anschließend gemeinsam ins Kölner Nachtleben stürzt. Der Clou: Manche Kunden des Magazins wollen ihre Anzeigen auch von *apart* gestaltet haben. In diesem Moment kommt man auf die Idee, das gleiche auch in der Werbung zu machen.

Meistens besteht die Zusammenarbeit bei meiré und meiré darin, sich zehn Minuten lang gegenüberzusitzen und wenig zu sagen. Was dann passiert, gleicht einem Basketballspiel: Man spielt sich die Bälle zu, ohne hinzusehen. Man denkt miteinander, erlebt miteinander, so daß sich alle immer im gleichen gedanklichen Stadium bewegen. Eine Präsentation ist für alle Mitarbeiter wie ein Zustand, in dem man Gefahr spürt: Man tut "automatisch" das Richtige, ohne Abstimmung, ohne Vorbereitung.

Das Prinzip: Alles kommt aus dem Bauch. Das Resultat: Alles ist stimmig, alles paßt, ohne daß man je viele Worte darüber verliert. Der Erfolg: Die Agentur meiré und meiré wächst zu einer starken, vollkommenen Einheit, die mit ihren Konzepten immer größere Unternehmen begeistert. Schon bald wird sie in der Branche als "Goldfisch unter Haien" gewertet. Heute ist meiré und meiré der unangefochtene Star in der Newcomer-Werbeszene.

Darin liegt der Unterschied zwischen einem Unternehmer, der das tut, was in ihm ist, und einem schwerfälligen Konzern: ganz in sich sein, aus sich heraus produzieren, intuitiv unüberlegt überlegen sein, Charakter und Charaktere bilden. Und: Die Persönlichkeit immer stärker mit der "Arbeit" ausgleichen.

Wir laden Sie ein zur Intuition. Durch Intuition entwickeln Sie Vision, das Elixier Ihres Daseins und Ihres Unternehmens. Machen Sie, was Sie wollen – und sonst nichts.

Im Idealfall gelingt Ihnen solch ein Kunststück, wie dem italienischen Reifenhersteller Franco Ambrosetti. Zusammen mit seinem Bruder leitet er das Unternehmen gleichen Namens und ist marktführend im Lande. Leidenschaftlich widmet er sich seinem Job, und genauso leidenschaftlich spielt er, wo und wann ihm sich die Gelegenheit bietet, sein Flügelhorn – während Geschäftsreisen, im Hotelzimmer, in den Arbeitspausen, überall. Dann ist er ein anderer Mensch, denkt an nichts, außer an seine Musik. "Das gibt mir die Kraft, die ich für meinen Beruf brauche – und ohne meinen Beruf hätte ich nicht die Kraft, Musik zu machen. Beim Spiel kommen mir neue Ideen. Ich weiß in dem Augenblick zwar nicht, welch einen Zweck das haben soll, aber anschließend stürze ich mich wieder frisch und voller Ideen in die Arbeit." Doch Franco Ambrosetti verbindet nicht nur das Angenehme mit dem Nützlichen, sondern genießt in jeder Hinsicht Erfolg: Er ist einer der anerkanntesten Jazztrompeter und fühlt sich in dieser Branche genauso wohl wie bei seinen Reifen. Womit wir wieder beim Jazz wären. Es ist eben alles nur ein Spiel.

Weiterführende Literatur

Goldberg, Philip: Die Kraft der Intuition. Wie man lernt, seiner Intuition zu vertrauen. Bern, München, Wien 1983.

Husserl, Edmund: Die Idee der Phänomenologie. Vorwort von Paul Janssen. Hamburg 1986.

Stangl, Anton: Die vergessene Welt der Gefühle. Düsseldorf, Wien 1986.

Motivation

Der Fisch beginnt am
Kopf zu stinken.

Norddeutsche Fischerweisheit

Klaus Kobjoll im Kreise
seiner Mitarbeiter –
Schindlerhof, Nürnberg.

Ein international bekanntes Modeunternehmen will auch nach außen hin so jung erscheinen, wie es vom Altersdurchschnitt her ist. Deshalb kommuniziert man in der Werbung nicht die Kleider und Accessoires, sondern alles Mitmenschliche, was zum Unternehmen dazugehört und was man sich scheinbar so gewünscht hat: die gute Laune bei der Arbeit, die spaßige Atmosphäre, die netten und aufgeweckten Menschen, von denen es hier nur so wimmelt. Undenkbar, daß in diesem Unternehmen voller Esprit und Tatendrang griesgrämige, grauhaarige Sachbearbeiter das Sagen hätten.
Alles hüpft, alles tanzt, alles strahlt, von Tokio bis Düsseldorf, von Los Angeles bis Rom ist man hier laut Werbung rund um die Uhr guter Dinge. Ein Traum, hier angestellt zu sein, um selbst tagaus, tagein in den tollen Klamotten des Herstellers herumzulaufen und sie auch noch verkaufen zu dürfen. Nur gesunde, gutaussehende Menschen sind da um einen herum, in den exorbitant gestylten "Showrooms" läuft von Öffnung bis Dienstschluß "dufte" Popmusik, und jeder zweite ist hier ein "Manager" oder mindestens ein "Manager Assistant". Selbst die Putzfrauen sind keine Putzfrauen, sondern "Clean Manager". So haben wir es gerne.

Bis eines Tages ein Magazin eine große "Enthüllungsstory" über den Textilhersteller bringt, die das Unternehmen gar nicht so rosig-pastellig aussehen läßt: Da ist von Streitereien und Querelen unter den Mitarbeitern, von hierarchischen Strukturen,

gegenseitiger Mißgunst und mangelndem Arbeitswillen die Rede – also genau das Gegenteil von den Lobpreisungen der Firma über sich selbst scheint zuzutreffen. Untermauert ist diese Story auch noch mit Zahlenmaterial der vergangenen Zeit. Von Kündigungen und Umsatzrückgang wird berichtet. Das wirft kein gutes Licht auf das Unternehmen, und so verläuft ein leichter Riß durch das einst so starke Gemäuer.

Eine Geschichte wie diese läßt sich sicher auf ganze Hundertschaften von Unternehmen übertragen. Demotivation im Unternehmen ist wirklich kein Einzelfall. Ständig geht es rund: Gerüchte, Streitereien, Ärger mit dem Chef, innere Verweigerung, geistige Arbeitsniederlegung, erschreckend hohe Krankheitsraten. Im Haus hängt der Segen schief. Mitarbeitermotivation ist heute eines der Hauptprobleme in den Unternehmen, und Gründe dafür sind schnell zu finden.

Noch niemals zuvor in der Geschichte der Industrialisierung hatte der einzelne Mitarbeiter einen größeren Freiraum und ein demokratischeres Bewußtsein als heute. Und das ist gut so. Während früher Kinderarbeit die Regel war und die Menschen unterer Klassen wie Vieh behandelt wurden, wird der Mitarbeiter heute im Verhältnis zu solchen Zuständen respektiert und geschätzt. Das ist aber noch nicht alles.

Früher waren die Bosse grausame Diktatoren, die sich zum Teil auf Kosten von Menschenleben bereicherten, während der Großteil der Gesellschaft hungerte. In den Romanen von Charles Dickens beispielsweise ist viel darüber zu lesen. Auch bis zum Ende des Zweiten Weltkrieges ging es den Arbeitern, zumindest in Deutschland, noch relativ schlecht. Damals sagte man über sie: "Als Fleisch und Blut gehen sie hinein, als Knochen kommen sie wieder heraus." Knebelverträge, leere Verprechungen und die Pflicht zu (betriebs)blinder Unterwerfung sind leider auch heute noch in manchen Unternehmen gang und gäbe.

Aber zum Glück sind Zeiten angebrochen, in denen solche Zustände größtenteils abgebaut sind. Aber das reicht noch nicht. Die wenigsten Unternehmer haben verstanden, daß ihre Mitarbeiter Mitglieder einer Gesellschaft sind, die sich ständig im Wandel befindet, Menschen, die individuelle Bedürfnisse und allgemeine Rechte haben, wie sie selbst.

Wer das schnelle Geld machen will, wird mit leeren Versprechungen sogar kurzfristigen Erfolg haben. Wer eine Unternehmenskultur aufbauen will, ist gezwungen, die harten Bandagen abzustreifen.

Unternehmen sind Paradigmen der Gesellschaft. Naturgemäß wandelt sich ein Unternehmen jedoch wesentlich langsamer in seinen Strukturen, als es die Menschen einer Gesellschaft tun. Die meisten Unternehmen Deutschlands befinden sich äußerlich wie innerlich noch tief in den fünfziger Jahren, sind Trutzburgen des Wirtschaftswunders. Trotzdem arbeiten dort Menschen, die an gesellschaftlichen Veränderungen beteiligt sind. Und es gibt noch genug Unternehmen, in denen beispielsweise die Frau immer noch genausowenig zu melden hat wie in den fünfziger Jahren.

Oft genug erleben wir in unseren Seminaren die Motivation des einzelnen im Kontrast zum Unmut des Kollektivs. Nicht selten fallen Sätze wie: "Unser Unternehmen ist Spitze, wir bräuchten nur einen anderen Chef." Unerhört!
Was läuft da falsch?

Motivation leichtgemacht

Gerne würden wir Ihnen diesen Abschnitt fein säuberlich servieren. Aber dazu gehört mehr als die Tatkraft und der Eifer eines einzelnen Managers. Motivation ist eine Sache des Kollektivs. Und nichts ist schwerer zu bewerkstelligen als ein Team, das "an einem Strang" zieht. Komisch: Was sich jeder wünscht, will einfach nicht klappen. Auch die klassische Methode des "Feindbildes", die die Mannschaft beim Tauziehen um Marktanteile zusammenschweißen soll, zieht nicht mehr so richtig. Ganz einfach, weil der Markt sich zu sehr diversifiziert und weil der moderne Mensch im Zeichen des globalen Erhaltungswillens keine Feindbilder mehr haben will (siehe auch Kapitel "Spiele"). Da haben wir ihn, den Zeitgeist!

Wir können Ihnen ein paar Dinge sagen, die Demotivation programmieren und die zur Motivation beitragen können.
Nichts ist schwieriger, als ein ganzes Unternehmen zu ändern. Es bewegt sich nur extrem schwerfällig, da es im Strudel der Entscheidungen und Marschrouten nur gezwungenermaßen vom Wege abweicht. Was heute beschlossen wird, soll bis übermorgen halten. Und auch, wenn sich die Situation inzwischen entscheidend verändert, kann das Management meistens nur schwerfällig reagieren. Nur – das Stechschritt-Zeitalter ist vorbei! Wozu kann man da einem Management noch aufrichtig raten?

Bewegung!

"Motivation" kommt von "Bewegung". Wenn der "Motor" des Unternehmens stillsteht, sitzt das Getriebe im Betriebe fest. Stellen Sie sich vor, Ihre besten Mitarbeiter würden von heute auf morgen gehen. Das ist schon "in den besten Familien" vorgekommen, und wer anschließend den Schaden hat, braucht für den Spott nicht mehr zu sorgen. Viele unterschätzen den Mißstand in ihrem Unternehmen, denn sie wollen ihn gar nicht erst wahrhaben. Wer nicht nach der Marschroute läuft, ist verdächtig. Darum hält man vielerorts den Mund, solange, bis man geht. Warum? Weil die Menschen sich nicht *frei* bewegen dürfen!

Kommunikation!

Unsere wirtschaftliche Situation sieht so aus, daß die Besten immer schwerer zu halten sind. Ihr Drang zur Selbstverwirklichung hängt jedoch nicht selten auch mit den geschäftlichen Interessen zusammen. Wenn ein engangierter Mitarbeiter nicht zu seinem Ziel kommt, ist er auf Dauer ebenso frustriert wie der Arbeiter in der Produktion, der keine Aufstiegschancen mehr sieht und eines Tages beschließt, sein Tagwerk als "Maloche" zu betrachten und stillschweigend darunter zu leiden – die Metamorphose vom Produzenten zum Patienten. Auch wenn die Gewerkschaft dem einzelnen gewisse Rechte einräumt, die Möglichkeit zur Identifikation ist oft nicht mehr gegeben – es sei denn, man wird zur Identifikation gezwungen. Und noch einmal: Was läuft da falsch?

Zum Kopf des Fisches!

Ein Unternehmen beginnt beim Unternehmer. Je stärker die Persönlichkeit des Chefs, desto mehr dringt davon in die gesamte Organisation. Wer sich auf das "Corporate Behaviour" der Wirtschaft sensibilisiert, kann die Einstellung zum Unternehmen schon beim Pförtner beeinflussen. Was die meisten Bosse unterschätzen, ist die Tatsache, daß ihr Charakter das Unternehmen prägt. Und daß jeder einzelne Mitarbeiter als Träger der gesamten Firmenphilosophie fungiert. Was der Pförtner am Stammtisch erzählt, gilt. Je größer das Unternehmen, desto breiter seine Trägerschaft. Ein guter Ruf verbreitet sich nicht so schnell wie ein schlechter!

Es hat wenig Zweck, einen Unternehmenschef auf die Couch zu bitten. Die Fehler liegen meistens nicht allein am "Boß", sondern an der Wechselwirkung zwischen Topentscheidern und Ausführenden. Ist der Chef vom Unternehmen enttäuscht, funktioniert nichts mehr. Denn die Frustration kommt ihm ebenso entgegen wie die Begeisterung. Es entsteht eine Rückkopplung, und schuld daran ist das ganze System. Der Chef beschwert sich und fragt sich, was bei ihm überhaupt für Pfeifen herumlaufen. Die "Pfeifen" sind eigentlich immer engagierte, fleißige, kreative und mutige Mitarbeiter, sie haben nur einen Schönheitsfehler: Man hat ihnen das Rückgrat gebrochen.
Im Laufe der Zeit haben sie sich in vielerlei Richtungen engagiert, und natürlich haben sie dabei auch mal den einen oder anderen Fehler "begangen". Das reicht schon aus, um sie zu brandmarken. Auch die Besten kriegen ihr Fett ab, und irgendwann werden sie zu Betriebsleichen. Wenn alle Ecken und Kanten sorgsam abgeschliffen sind, bleibt dem Mitarbeiter ja nichts anderes übrig, als sich stromlinienförmig zu bewegen. Und gleichzeitig verlangt man von ihm nach wie vor das Äußerste? Hier liegt das grundsätzliche Problem: Die Erziehung zum Chef und zur Chefdominanz.

Wie werde ich böse?

In der Erzählung "Die Kindheit eines Chefs" schreibt Jean-Paul Sartre von der Suche eines Jungen nach seiner Identität. Er, der schon zum Zwecke der Chefnachfolge seines Vaters in die Welt gesetzt worden ist, bekennt sich am Schluß der Geschichte zu seiner Rolle. Beim Anblick seines Ausdrucks ist er noch gar nicht mit sich zufrieden. "Aber die Scheibe warf ihm nur ein eigensinniges, hübsches kleines Gesicht zurück, das noch nicht schrecklich genug war: 'Ich werde mir einen Schnurrbart wachsen lassen', beschloß er."

Die Geschichte hat noch immer keinen Bart – die Gesinnung ist aktueller denn je. Wer Chef sein will, muß böse sein: Ehrfurcht ausstrahlen, hart durchgreifen, eine Autorität darstellen. So und nicht anders werden wir zu Befehlsgewalt und Gehorsam erzogen. Der Zweck heiligt dabei natürlich die Mittel. Und dementsprechend entstehen die Firmenideologien, nach denen wie vor Jahr und Tag beinhart gehandelt wird.

Das Resultat dieser Struktur kennt viele Variationen. Wenn einer der Mitarbeiter nicht "spurt", dann liegt das natürlich nur an ihm selbst. Die Unzufriedenheit über den Mitarbeiter steckt an – dabei kann es sogar sein, daß der Mitarbeiter provoziert, um überhaupt auf sich aufmerksam zu machen.

Wenn ein Unternehmen die äußeren Veränderungen nicht mitmacht, spielen auch die Mitarbeiter nicht mehr mit. Oder: Leute, die früher wichtig waren, haben ihre Aufgabe erfüllt – das Schlimmste, was passieren kann – und haben sich damit selbst auf die Ersatzbank gesetzt. Dann stiften sie natürlich so lange Unruhe, bis man wieder auf sie aufmerksam wird. Die Chefs wiederum finden das gar nicht witzig und brechen ihnen das Rückgrat – und letztlich haben sie selbst die Schuld daran.
Die Wirklichkeit sieht eben anders aus: Alle Macht geht vom Volke, alle Laune geht

vom Management aus. Ein Mitarbeiter, der immer gute Laune verbreitet, ist genauso ein Spiegel seines Unternehmens wie einer, der ständig mit saurem Gesicht durch die Abteilung schlurft.

Die Erziehung bildet das System, und das System selbst ist die Quelle aller Demotivation, und von Menschen, die man selbst kaputtmacht, kann man keine Leistung erwarten. Wer also das Gefühl hat, er könne auf seinen Orgelpfeifen nach Lust und Laune herumdreschen, hat als Chef ausgedient. Die Tastatur des modernen Managements hat andere Register als Befehlstöne und Marschakkorde.

Wie kriegen wir das Problem in den Griff? Wir gehen zurück auf die Grundprobleme eines Unternehmens. Wir begegnen dabei einem Grundphänomen der Wirtschaftskultur:

Die unheimliche Begegnung der dritten Art

Am Anfang steht der Chef. Seine Persönlichkeit wirkt bis zur Putzkolonne. Sein Charakter allein entscheidet, ob er als "Vaterfigur" Freude und Stolz ausstrahlt oder als "Großer Bruder" dafür sorgt, daß jeder stumm vor sich hinarbeitet, weil er ja jeden Moment um die Ecke gucken könnte. "Management by champignons" wird solch eine Phantomführung manchmal genannt: Die Mitarbeiter im dunkeln lassen, immer Mist daraufstreuen, und wenn einer mal den Kopf herausstreckt, sofort abhacken.
Handelt es sich bei der Unternehmensspitze um ein Board, so taucht ein weiteres Problem auf, eines, unter dem sämtliche Mitarbeiter zu leiden haben:

Identität vom Reißbrett

Viele Unternehmer merken plötzlich, daß sie ihre alten Werte verloren haben und gar nicht mehr so genau wissen, warum sie das alles eigentlich tun. Eine neue "Philosophie" muß her. Diese "Philosophie" wird auf stundenlangen Sitzungen beschlossen, dreißigmal umgeschrieben und gleicht nicht selten einer Hausordnung, weil von den Grundideen nur übriggeblieben ist, was jeder zu tun und zu lassen hat.
Mit diesen Reißbrettideologien machen es sich alle schwer. Springender Punkt dabei: Keiner hat seine Mitarbeiter gefragt, aber alle müssen danach handeln. Die Unternehmensspitze versucht mit krampfhafter Gewalt, statische Werte und Systeme zu entwickeln, deren Opfer früher oder später sie selbst sind. Sind diese Muster erst einmal da, so nisten sie sich ein wie eine Hausratte und können kaum noch zerstört werden.

Anstatt genau das Gegenteil zu machen: Alles Denken, Handeln und Fühlen der Mitarbeiter zusammenzufassen und ständig neu danach zu handeln. Die Philosophie wachsen lassen, anstatt sie vorzusetzen. Keine Muster vorlegen, sondern sie ständig zerstören. Motivation ist eine recht flüssige Angelegenheit. Man muß nach den Strömungen gehen. Motivation steht nicht auf der Tagesordnung, sondern ist eine ständig präsente Aufgabe. Es darf kein Zwang zur Identifikation entstehen, sondern die Mitarbeiter sollen sich so frei fühlen, daß sie im Unternehmen ihre Identifikation aufbauen, ihre Aufgaben bestimmen und ihre Persönlichkeit entfalten können.
Deshalb: loslassen, fließen lassen, nicht treiben, sondern treiben lassen.
Und zuhören, verstehen, kommunizieren. Dann hätte man bereits die Hauptschwierigkeiten gelöst, die sich nach unseren Umfragen mit Regelmäßigkeit ergeben: mangeln-

de Offenheit, mangelnde Kommunikation, schlechte Organisation, ungünstige Arbeitszeiten. Das größte Problem eines Managers ist seine Zeit. Viele haben den guten Willen, aber keine Zeit, sich um Interna zu kümmern. Gerade die erwähnten "Ersatzbänkler" sind meistens die guten Seelen im Betrieb und können die Integrität fördern. Warum setzt man sie nicht als interne Manager ein?

Menschlichkeit ersetzt hohe Rechnungen

Ferdinand Porsche hat mit 27 Mann einen Welterfolg kreiert. Porsche war von seiner Idee besessen, also "hochmotiviert" und konnte sein Team mit dieser Idee so anstecken, daß alle mit Feuereifer bei der Sache waren. Ein anderes deutsches Automobilunternehmen steckte kürzlich 2,6 Milliarden Mark und zwei Jahre Zeit in ein Projekt, das so etwas wie das ultimative Auto werden sollte. Zwei Jahre Statistiken, Analysen, Berechnungen, Arbeitszeit: Nun, es ist bis heute nicht die Rede davon, daß dieses Auto ein Riesenerfolg sei.
Ein Chef eines bekannten Foto-Unternehmens sagte eines Tages zu seinen Mitarbeitern in der Entwicklung:"Jungs, Ihr habt vier Jahre Zeit, einen neuen Fotoapparat zu entwickeln." Nach zwei Jahren schaute der Chef wieder rein und fragte: "Wie steht es?" "Wir schaffen das in zwei Jahren", war die Antwort. Am nächsten Tag erlaubte er sich einen Spaß, steckte abermals seinen Kopf durch die Tür und rief: "Hört zu, die Konkurrenz hat das Gerät, und es soll bereits in Kürze auf den Markt kommen, beeilt Euch ein bißchen!" Nach 14 Tagen war der Fotoapparat fertig. Der Chef hatte ein schlechtes Gewissen wegen seines Kalauers – und einen Riesenerfolg.
Wenn ein Team begeisterungsfähig ist, potenziert sich der Enthusiasmus von jedem einzelnen durch den anderen. Eine Milchmädchenrechnung: Wenn 12 Mann begeistert sind, stecken sich "12x12" gegenseitig an. Ist das nicht wunderbar? Das ist Wir-Gefühl par excellence: Alle sprechen von Synergie, hier ist sie!

Es ist alles eine Frage des Führenkönnens. Viele haben die tollsten Produktideen, können aber keine Menschen veranlassen, sich dafür zu erwärmen, an der Idee und dem Erfolg teilzuhaben. Schlimm wird es natürlich in dem Augenblick, wenn Summen in Aussicht gestellt werden, von denen später nicht mehr die Rede ist. Fehler kann man jedem nachweisen. Aber das hat nicht mehr viel mit Ethik zu tun.

Ständig ist die Rede von Leistungen, Erfolgen und tollen Bilanzen. Mitarbeiter werden dadurch nicht motiviert, eher gedämpft – sofern sie an den Erfolgen keinen konkreten materiellen Anteil haben. "Es ging uns noch nie so gut wie heute", ist ein gern zitierter Satz in einer Zeit, in der jeder schnell mit sich zufrieden ist. Wer das sagt, spricht jedoch von Quantität und nicht von Qualität. Wenn Sie das qualitativ betrachten, sieht es anders aus: Noch nie war der Konsum von Drogen, Alkohol, Tabletten und anderen Mitteln so hoch wie heute. Nicht nur zu Hause, auf der Straße, sondern genauso im Betrieb. Wer mit Flachmann in der Schublade erwischt wird, hat schlechte Karten. Wer wundert sich da noch über ein Unternehmen mit 200 000 Mitarbeitern und einer permanenten Ausfallrate von 12 Prozent? Sind die Mitarbeiter allein schuld?

Ehrlich währt am längsten

Mit allen Dingen, die wir in diesem Buch vorstellen, steigern Sie die Motivation aller Mitarbeiter.
Sei es Kunst, Farbe, Musik oder eine Vision – dies alles führt ein Unternehmen zu einer

Identität, die nötiger ist als je zuvor. Wer ehrlich im Herzen ist, weiß, wo für sein Unternehmen diese Identität liegt. Und er gestaltet sie nicht einsam, sondern gemeinsam. Es geht nicht darum, in Krisenzeiten mal eben eine "Firmenkulturshow" abzuziehen, sondern konsequent Integrität zu produzieren.
Das geht bis in die höchsten Etagen.
Die neue Managergeneration besteht aus Menschen, die nur mit Leuten arbeiten wollen, die sie mögen, mit denen sie reden können – auch über persönliche Dinge.

Ein guter Bekannter arbeitet als Manager in einem sehr, sehr großen Konzern. Im Laufe der Zeit wird er über manche Zustände und Vorkommnisse im Betrieb immer frustrierter. Eines Tages begegnet ihm auf dem Gang ein Kollege, der ihn freudestrahlend mit "Na, wie läuft's bei dir?" begrüßt. "Finde ich ja nett, daß du danach fragst. Weißt du, ich habe hier zur Zeit ein paar Probleme, und ich wollte mal mit dir darüber..."
"Das geht vorbei! Wird schon wieder! Hauptsache, es läuft bei dir!"
Ein kräftiger Klaps auf die Schulter, und schon ist der werte Kollege um die Ecke. Gar nichts aufkommen lassen, Probleme herunterreden oder ausschweigen. Hauptsache, es läuft. Ist das Motivation?

Persönliche Motivation entwickelt sich bereits beim ersten Tête-à-tête. Was nutzt einem die hervorragendste Leistung, wenn die Chemie nicht stimmt? Es ist nicht mehr eine Frage der Kompetenzen allein, sondern der Sympathie – und ob die/derjenige zum Unternehmen paßt. Je mehr die Geschäfte auf persönlichen Beziehungen beruhen, desto wichtiger wird die Persönlichkeit vor der Funktion. Entscheidend ist nicht nur der Einsatz, sondern das soziale Engagement. Wer den Mund nicht aufkriegt, sondern lieber an den Stühlen der anderen sägt, ist kein guter Motivator. Wer die Distanz zu seinen Kollegen und Kunden aufheben kann, wird immer Erfolg haben. Da sollte man sich gegenseitig nichts mehr vormachen: Berufliche Probleme werden zu privaten Problemen und umgekehrt. Ein ewiger Teufelskreis, den man nicht mehr dulden will.

Zur Sonne, zur Freiheit..., gewußt wie!

Besonders entscheidend ist die Mischung von Funktion und Persönlichkeit in einer Branche, die von der Mensch-zu-Mensch-Beziehung lebt: in der Hotellerie.
Mit dem unmittelbaren Kontakt zwischen Unternehmer und Kunde steht und fällt das gesamte Unternehmensbild. Wer da nicht motiviert ist, sät böse Resonanz und setzt den guten Ruf des gesamten Unternehmens aufs Spiel.

Einer, der mit solchen Gefahren keine Probleme hat, ist Klaus Kobjoll. Er wurde zum Hotelier des Jahres 1990 gewählt. Sein "Schindlerhof" am Rande von Nürnberg macht 5,9 Millionen Mark Bruttoumsatz im Jahr, praktisch aus dem Stand heraus. Kobjoll setzt alles auf eine Karte: auf die Motivation seiner Mitarbeiter durch die Freiheit, die er ihnen gewährt. Und die kennt schier keine Grenzen. Er selbst ist begeisterungsfähig und für alles zu haben. Seine Ziele und Wünsche gibt er klar und deutlich zu verstehen. Keiner könnte ihm Undurchsichtigkeit oder Unglaubwürdigkeit vorwerfen. Im Gegenteil: Bereits beim Einstellungsgespräch klärt er seine Mitarbeiter über geschäftliche Ziele und die Hauptinteressen des Betriebs auf.
Und jetzt kommt der Höhepunkt: Kobjoll legt seinen Mitarbeitern einen Arbeitsvertrag vor, in dem sie die Gehaltssumme *selbst* bestimmen! Hinzu kommen ein Firmenwagen nach freier Wahl und die Aussicht auf Prämien und Geschenke. Der "Azubi des

Monats" darf zur Belohnung einen Monat lang in einem englischen Sportwagen herumkurven, die Entfaltungsmöglichkeiten der Mitarbeiter sind unbegrenzt, jeder darf seine beruflichen und privaten Wünsche offen vortragen, und oft werden sie vom Chef persönlich liebe- und sinnvoll miteinander kombiniert. Dabei sieht Kobjoll seine Maßnahme auch ganz nüchtern. "Als relativ kleiner Unternehmer habe ich mit Hardware (Gebäude, Schwimmbäder, Finanzressourcen) keine Chance. Dafür schlage ich die Konkurrenz haushoch mit Software. Und das sind motivierte Mitarbeiter", erklärt er gegenüber einem Branchenblatt.

Kobjoll ist in Sachen Marketing und Management firm. Die schlechten und guten Erfahrungen, die er in seiner beruflichen Vergangenheit gemacht hat, bindet er in sein Unternehmen ein. Und er wagt viel: Im Gegensatz zu den meisten Führungspersonen, gesteht er jedem Mitarbeiter vollkommene Denk- und Handlungsfreiheit ein.
99,8 Prozent aller Manager glauben, man müßte die Mitarbeiter zu ihrem Glück zwingen, ärgern sich über die hohen Einstellungsquoten, die hohe Zahl der Krankmeldungen, wundern sich über den ständigen Ausfall der Maschinen und "rächen" sich an ihren "Pfeifen" mit Schikanen, Drohungen, Manipulation und Entlassung. Doch im Grunde liegt es an den Entscheidern selbst, wie ihre Mitarbeiter auf sie reagieren. Sie haben ihre Mitarbeiter nie gefragt. Es nutzt das schönste Produkt, die schönste Idee nichts, wenn man keine motivierten Mitarbeiter hat. Herr Kobjoll fragt von vornherein, damit überhaupt keine Mißverständnisse aufkommen. Und noch mehr: Er sieht in ihnen Persönlichkeiten und gesteht ihnen die gleichen Freiheiten zu, die er sich selbst einräumt. Er spart nicht mit Dank und Anerkennung für eine gute Leistung. Er betrachtet ein Mißverständnis zwischen Gast und Mitarbeiter nicht als Krise, sondern als "Chance". Er gibt seinen Mitarbeitern zu verstehen, was er an ihnen hat: Im gleichen Maße, wie sie ihm für den guten Arbeitsplatz dankbar sind, ist er ihnen für ihre Leistung dankbar, das ganze Team ergänzt und fördert sich gegenseitig. Mit jedem Mitarbeiter führt er "regelmäßige Karrieregespräche nach klaren, allen bekannten Kriterien", so daß jeder genau weiß, wo er dran ist und wofür er arbeitet.

Die oberste Maxime des Unternehmenskonzeptes ist nicht "Was will ich erreichen?", sondern "Was wollen unsere Mitarbeiter?". Was nun folgt, sollte sich ein jeder Manager mal gehörig durch den Kopf bzw. auf der Zunge zergehen lassen:

"Wir müssen herausfinden, welche Bedürfnisse unsere Mitarbeiter wirklich haben und ihnen dafür Leistung anbieten. Also Marketing für die Mitarbeiter, nicht nur für die Kunden."

Kobjoll geht noch weiter. Er will nicht seinen Mitarbeitern alles vorsetzen, sondern betrachtet jeden einzelnen als Unternehmer im kleinen. Deshalb findet sich im Firmenleitbild "Strategisches Management" der Satz:

"Bei der Erarbeitung der mittel- und kurzfristigen Ziele machen alle Mitarbeiter mit. Quantitative Ziele – qualitative Ziele – mitmenschliche Ziele – Umweltziele."

Klaus Kobjoll hat das getan, was kaum ein Management bisher wagte: Die Mitarbeiter sind frei, ihrer Verantwortung voll bewußt, sie werden dafür sehr gut bezahlt und prämiert. Großmäulige Werbung hat er nicht nötig. Statt Behauptungen aufzustellen, beweist das Hotel seine Kompetenz permanent durch das "Personal", das aus "Personalities" besteht. "Am gleichen Strang", so Kobjoll, "kann immer nur der ziehen,

der seinen eigenen Vorteil sieht." Dadurch wird das Credo des Unternehmens auch nicht stillstehen, sondern von allen gemeinsam genährt. Keine Frage, daß zur Preisverleihung zum "Hotelier des Jahres" zwei Busse gechartert wurden, damit das gesamte Team am Erfolg teilhaben konnte.
Klaus Kobjoll wagt und beweist, daß man dadurch nur gewinnen kann.

Bach, Richard: Die Möwe Jonathan. Berlin, Frankfurt am Main 1989.

Heinold, Erhardt: Erfolgreich durch strategisches Denken und Handeln. Düsseldorf 1989.

Peters, Thomas J./Waterman, Robert H.: Auf der Suche nach Spitzenleistungen. Landsberg 1988.

Sartre, Jean-Paul: Die Kindheit eines Chefs. Erzählungen. Hamburg [3]1983.

Zürn, Peter: Ethik im Management. Antworten auf Fragen der Zeit. Frankfurt am Main 1989.

Vision

Man muß vom
Weg abkommen,
um nicht auf
der Strecke zu bleiben.

Markus Schulte

Die Erde
aus 385000 km vom
Mond aus gesehen.
Einzeldruck aus der
Edition Astro Arte

Das amerikanische Drama "Glengarry Glen Ross" (in der deutschen Ausgabe "Hanglage Meerblick") handelt von einer Immobilienagentur, deren Objekte in der Regel auf Sand gebaut sind, weit entfernt vom Auge des Kunden liegen und mit anderen Worten Schrottwert darstellen. Die Agentur hat drei Verkaufsagenten beschäftigt, deren triste Aufgabe durch die Aussicht auf eine Prämie beflügelt werden soll: Derjenige, der die meisten Leute übers Ohr hauen kann, bekommt einen Cadillac. Der Mann auf Platz zwei der Vertragsabschlüsse bekommt eine Geldprämie. Und den letzten beißen, wie das bekannte Sprichwort sagt, die Hunde: Er fliegt nämlich raus. Von dieser Struktur ist nicht nur die Unternehmensphilosophie, sondern auch der Verlauf des Spiels geprägt. Als längst schon feststeht, wer im Geschäftsjahr der Erfolgreichste und wer der Verlierer ist, wird in der Firma eingebrochen. Gestohlen werden die Abschlüsse des Erfolgreichsten. Was die Zuschauer in den nächsten eineinhalb Stunden an fäkalen Ausdrücken, Beleidigungen und gegenseitiger Schikane erleben müssen, geht kaum auf eine Kuhhaut. Drei ausgewachsene Menschen kämpfen verbal um ihre Existenz und machen sich gegenseitig fertig. Und am Schluß – wie könnte es anders sein – erweist sich Nummer drei als Täter. Er wollte natürlich die verhaßte Nummer eins ausschalten, um wenigstens auf Platz zwei zu kommen. Nun ist ihm das Handwerk gelegt, und der Zuschauer steht fassungslos vor der Bescherung.

Und die Moral von der Geschicht?

In den vergangenen Jahren ist der Wohlstand so gewaltig gestiegen wie noch nie. Jeder will reich werden und dazu möglichst stromlinienförmig verfahren, keine Fehler machen, nie den falschen Schlips tragen, wenig Geld für ein teueres Parfum ausgeben und im Betrieb ordentlich "schleimen". Wofür man früher in der Schule regelmäßig verprügelt wurde, das ist jetzt schick: den Vorgesetzten umwerben, anderen den Rang ablaufen, Identifikation simulieren.
Und zur selben Zeit erleben Stücke wie David Mamets "Glengarry Glen Ross", Caryl Churchills "Serious Money" oder der Film "Wall Street" Hochkonjunktur.
Die Erfolgs-, Karriere- und Big-Business-Neurotiker faszinieren – es scheint, als sei der Erfolg für jeden ganz schnell greifbar.
Erst ein Theaterstück zeigt, wie es hinter den Kulissen mit dem doppelten Boden der Moral aussieht: Erfolg ohne Zielvorstellung macht die Menschen neurotisch, fertig, kaputt. Am Ende bleiben nur Verluste.
Was sich auf dem Boden der Tatsachen abspielt, ist nicht selten genau dasselbe. Menschen haben keine Illusionen mehr und müssen deswegen scheitern. Das Geschäft hat sie gebrandmarkt, und als gebrannte Kinder stiften sie Unheil. Sie haben ihre Träume weggeworfen. Nicht nur sie selbst, auch andere sind davon betroffen.

Nichts ist wichtiger, als in allem, was man tut, zu versuchen, einen Traum zu verwirklichen. Nichts ist schöner als Resultate, die auf einer Vision beruhen. Eine Vision zu haben bedeutet, Dinge vorherzusehen, die vielleicht niemals eintreten werden. Eine Vision, wie das schöne Wort schon sagt, ist, was man sieht. Ein Visionär handelt nach dem Motto "du bist, was du siehst". Und damit ist schon vieles erklärt.

In Bildern denken – weitersehen

Visionen zu haben bedeutet, mit der Zeit handeln zu können, rechtzeitig von den alten Wegen abzukommen, neue Denkwege zu erobern.
Wenn man ein Bild malt, ist es irgendwann fertig. Und schon hat man die Idee für ein neues Bild. Vision bedeutet, sich früh genug von dem lösen zu können, was eben noch als Nonplusultra galt – sobald man spürt, daß es noch etwas Besseres geben kann.

Wer Visionen hat, ist dazu in der Lage. Er wird die Menschen immer wieder erfreuen, überraschen oder schockieren!
Es gibt Menschen mit großen Visionen und Menschen, die keine Vision kennen. In unserem Stück ist die Vision längst auf dem Müll gelandet – wenn es überhaupt jemals eine gab.
Die Manager mit Visionen sitzen meistens ganz vorne im Unternehmen – es sind zum Beispiel die Gründer. Sie hatten eines Tages eine Idee, ein Bild, einen Gedanken, der gut war – und deshalb erfüllt werden wollte.
Es gibt viele Visionen. Viele sind wie wild bei der Sache, um eines Tages ihre Vision vollendet zu sehen. Das Christentum hat eine Vision. Alle Menschen dieses Planeten sollen mit der Liebe ihres Gottes erfüllt werden. Es gibt Visionen, die nur wenige verstehen, aber nach denen viele handeln – eine gefährliche Sache. Es gibt aber auch erfüllbare und greifbare Visionen – die jedoch oft genug merkwürdig platt sind und ein schwaches Bild abgeben.
"Vision" ist nicht mit einem absehbaren Ziel zu verwechseln. Eine ordentliche Vision ist nie erreichbar. Denn wenn das Ziel erreicht ist, gibt es längst andere Ziele.

Wirtschaftliche Visionen beruhen oft auf großen Idealen, die im Grunde aber auf großen Irrtümern beruhen. Es ist leicht, Spinner auszulachen. Aber so mancher Spinner hat, wie wir sehen werden, nahezu Galaktisches geleistet.

Visionen mit beschränkter Haftung

Wo keine Vision ist, steht nur das Geld. Viele Unternehmenschefs rechnen sich früh die Umsätze aus und sagen ganz schnell, wieviel sie in den kommenden Jahren verdienen wollen. Diese Vision liegt natürlich auf der Hand. Aber kann sie wirklich motivieren und soviel Energie auslösen, daß alle daran arbeiten? Schauen wir uns die Geldvision einmal näher an. Was steckt dahinter?

Die Vision "höhere Umsätze", eine Parole, die man nicht selten antrifft, hat einen verdächtigen Hintergrund. Es riecht schwer danach, daß es sich dabei um die Vorstellung des Managements allein handelt. Daß höhere Umsätze auch einen höheren Verdienst der Mitarbeiter erzeugen, ist unwahrscheinlich. Wenn wirklich höhere Umsätze gemacht werden, dann wird meist direkt in mehr Arbeitskräfte investiert. Fazit: Der Druck wächst, die Motivation wird schwächer.

Wozu Visionen?

Wir wollen noch einmal die Firma Apple Computer zitieren. Apple hat einen Werbespot gedreht, der nicht nur eine Cannes-Palme eingebracht hat, sondern auch weit über die gängigen Vorstellungen eines Computerherstellers hinausgeht.
In diesem Spot sind keine Computer zu finden. Ein schwarzer Cadillac fährt durch ein tristes Gelände. Rauchende Schornsteine sind zu sehen, versklavte Menschen bei harter Arbeit, Schmutz und Dreck. In dem Cadillac sitzt der Boß, neben ihm sein Sohn. Der Chef zeigt dem potentiellen Erben stolz das Gelände. Dieses Unternehmen soll er eines Tages führen, die Arbeiter befehlen, die Umsätze bringen. Der Sohn erschaudert. Der Vater hat die Vision längst vernichtet. Was geblieben ist, sind unmenschliche Arbeitsbedingungen: Unterdrückung, harte Arbeit, schlechter Lohn. In den Augen des Sohnes ist ein Leuchten zu sehen – so, als würde bei ihm ein innerer Film ablaufen, so, als hätte er die Vorstellung von einem neuen, besseren, menschlicheren Unternehmen – Computer werden die Arbeitswelt revolutionieren.
Sein Vater ist nicht mehr in der Lage, Kreativität und Ideen zu entwickeln, er ist wohl nur noch an persönlicher Bereicherung interessiert. Ihm fehlt der Sinn fürs Ganze. Das Ende ist nah, denn ein Unternehmen ohne Vision ist dem Untergang geweiht.

Welche Vision?

Eine Vision ist die höchste Instanz eines Unternehmens. Ein Betrieb, der vor lauter Betriebsamkeit in eine Seinsvergessenheit gerät, läuft sich leer. Wenn man die Biographien der erfolgreichsten Manager liest, hat man oft das Gefühl, daß diese Macher das, was sie tun, nicht nur des Erfolges wegen machen, sondern daß sie Ziele haben, die durchaus gesellschaftsrelevant sein können. Und nicht nur das: Sie haben oft eine Vision vor Augen, die nicht einmal unmittelbar mit dem geschäftigen Treiben ihres Unternehmens in Verbindung gesetzt werden kann. Und trotzdem sieht man in ihrem Bemühen langsam einen Schatten dessen, was sie erreichen wollen: Sie wollen durch ihre Produkte und die Leistungen ihres Unternehmens der Menschheit zu einem besseren Leben verhelfen. Sie haben nicht nur etwas zu verkaufen, sondern auch etwas zu sagen. Die Wirtschaft greift immer stärker in unsere gesellschaftlichen Bedürfnisse ein. Aber nicht die Industrie, sondern die Gesellschaft fordert die Erfüllung von Bedürfnissen und bestimmt die Maximen. Mit dem Verlust der Industriediktatur entsteht ein vollkommen neuer Glaube von Glück.

Voraussicht ist geboten!

Wir leben in einer Kultur, die mehr auditiv als visionär geprägt ist. Wir haben einen Gott, den man nicht sieht und sich nicht einmal vorstellen darf. Wir haben nur seine Worte und sollen nach ihnen handeln. Die Respekthaltung gegenüber höheren Instanzen prägt den gesamten abendländischen Kulturkreis. Aber was nutzt es, wenn man Maximen befolgt, die von einem "Olymp" gefertigt werden? Wir müssen die Augen aufsperren, um zu sehen, was uns bevorsteht! Wir müssen unseren Vorstellungen freien Lauf lassen. Wir haben nie gelernt, uns in Bildern auszudrücken, obwohl wir oft genug in Bildern denken. Ein Bild vermittelt auf einen Schlag mehr als viele tausend Worte. Es ist unmißverständlich und genau. Bilder sind Ziele, die man nicht hört, sondern sieht. Und nichts anderes ist eine Vision!

Was wir vor uns sehen, stellt sich als erreichbar vor. Wer eine genaue Zielvorstellung hat und sie nicht aus den Augen verliert, wird das Ziel auch erreichen können. Die Frage ist nur noch: Welche Inhalte hat das Ziel?

Wo steht das Unternehmen?

Um Visionen zu entwickeln, muß man sich zunächst an die eigene Nase fassen: Wo stehe ich mit meinem Unternehmen heute? Was habe ich mir einmal vorgenommen, und was habe ich bisher davon erreicht? Welche Prinzipien bestimmen die Arbeit, den Ton untereinander, das Image nach außen? Und die Frage aller Fragen:

Wo will ich mit meinem Unternehmen in *10 Jahren,*

in *15 Jahren,*

in *30 Jahren,*

in *100 Jahren,*

und in *300 Jahren* stehen?

Bevor Sie nun einen Lachkrampf bekommen, lassen Sie sich gesagt sein, daß es in einer großen Industrienation gang und gäbe ist, so weit voraus zu denken: in Japan. Aufgrund von Untersuchungen über globale Entwicklungen und Vergleiche mit dem eigenen Unternehmen werden Direktiven ausgegeben, die das Steuerrad in Richtung Zukunft ein ganz kleines bißchen hin und her bewegen. Aber das genügt schon: Wer das Ruder nur um ein Grad bewegt und tausend Meilen fährt, kommt ganz woanders an. Wer dagegen nur bis zum Horizont denkt, sein Steuer einrasten läßt und unter Deck weiterarbeitet, weiß mit Sicherheit bald nicht mehr, wo es für sein Schiff langgeht.

Hier steht Langfristigkeit gegen Kurzfristigkeit, Voraussicht gegen Nachsicht, Vision gegen Tagwerk. Es gibt ein paar hohe Hindernisse auf dem Weg zur klaren Sicht.

Problem Nummer eins: Die Last des Erfolges

Wir haben es geschafft: Das Produkt ist eingeführt, Jahre der Arbeit liegen hinter uns, die Marke hat sich im Markt positioniert, die Umsätze sind ständig gestiegen, wir haben immer mehr Mitarbeiter eingestellt und sind nun stolze Träger eines Namens, den jeder kennt. Bei allem, was wir bisher getan haben, ist der Erfolg ständig mitgewachsen. Im Laufe der Zeit haben wir uns eine bestimmte Erfolgsmasche gestrickt, und es ist immer gut gelaufen – bis heute.
Also: Bloß nichts ändern! Alles beim alten lassen, und frei nach der Adenauerdevise "keine Experimente" den Erfolg so lange wie möglich konservieren.

Da steht es nun, das Goldene Kalb des Erfolges, und alle sind zufrieden. Nur...wie lange noch?

Problem Nummer zwei: Das Erbe aus der Gründerzeit

Das überdimensionale Ölbild des Gründervaters ragt mächtig in den Rittersaal hinein. Obwohl es mit den Jahrzehnten an Farbkraft eingebüßt hat, reckt sich der lange Arm des "Big Boss" noch immer bis in die kleinsten Nischen des Unternehmens. Der Gründervater prägt den Unternehmensgeist nach wie vor, seine Vision, die vor langer Zeit zur Institution wurde, ist noch immer dieselbe. Die erste nach dem Ersten Weltkrieg selbstgebastelte Maschine steht in einem Glaskasten als Symbol der Leistung, die dieser Mann vollbracht hat. Sein Schaffen ist nach wie vor der Maßstab aller Dinge, und alle verhalten sich so, wie man es von ihnen verlangt. Der Erbverwalter greift während der Sitzung nach den unangetasteten Chips, und sofort tun alle anderen es ihm gleich. Die mächtigen Aschenbecher bleiben wie immer leer, da der Erbe nicht raucht. Die massiven Umsatzerfolge der letzten Jahrzehnte sprechen für sich: Wer hier auf den Gedanken käme, etwas zu verändern oder zu bewegen, sitzt auf einem wackligen Stuhl. Respekt haben nur jene verdient, die im Sinne des Erfinders denken und handeln.
Rien ne va plus – die Vision steht in Marmor eingemeißelt auf dem Vorhof, und nichts stört die starre Ruhe, außer wenn der Kies ab und zu unter der Last eines dunklen, großen, langsam vorbeifahrenden Autos knirscht.

Problem Nummer drei: Der Verlust der Utopie

Es hat alles einmal ganz groß angefangen. Glühende Ideen, phantastische Utopien, gemeinschaftliche Unternehmungslust und der eiserne Wille, etwas Großartiges zu leisten. Das bleibt nicht lange ungehört, und schon rennen begeisterte Kunden dem jungen Blut die Türen ein. Das Arbeitskontingent ist kaum noch zu bewältigen, und da man sich um administrative Dinge bisher noch nie gekümmert hat, schwimmt man in einem angenehmen Chaos auf Erfolgskurs. In jedem Büro steht ein Feldbett, und das Privatleben wird so lange mit dem beruflichen verquickt, bis es der Freundin schließlich zu bunt wird. Man arbeitet einfach weiter.
Bis dann der Tag kommt, an dem man nicht nur frohgemut nach vorne schaut, sondern plötzlich das Durcheinander in den eigenen Reihen sieht. In diesem Augenblick wird der Druck so stark, daß man erst einmal eine ordentliche Koordination auf die Beine stellen muß. Sonst ist man dem Ansturm nicht mehr gewachsen. Das Risiko des schnellen Wachstums hat seine Tücken. Je kurzfristiger der Erfolg kommt, desto kürzer wird die Perspektive.

Bis man schließlich froh ist, wenn man trotz der vielen Überstunden das Tagespensum auf Biegen und Brechen geregelt bekommt. Es dauert noch eine Weile, dann ist es soweit: Die Vision ist geschwunden. Alle arbeiten wie die Verrückten, aber keiner weiß mehr so richtig, was man sich ursprünglich einmal vorgenommen hat – wie ein alter Mann, der längst vergessen hat, warum er jungen Frauen hinterherläuft. Hinzu kommt, daß man von "erfahrenen Leuten" abhängig wird, in seine Schranken verwiesen wird und brav das tut, was verlangt wird. Anstatt das Bild zu verfolgen, das man sich einst so erträumt hat!

"I have a dream..."

Als der schwarze amerikanische Prediger Martin Luther King 1963 bei einer Kundgebung diese Vision formulierte, brachte er einen Stein ins Rollen. Seine Vision von einem Menschenvolk, das sich gegenseitig ungeachtet jeder Hautfarbe, Herkunft oder Gesinnung liebt und respektiert, war so stark, daß diese Botschaft bis heute weiterlebt. Sie ist, zusammen mit der Bergpredigt, sicher eine der poetischsten und schönsten Visionen, die man haben kann. Sie hat sich bis heute nicht erfüllt und wird sich wahrscheinlich nie vollkommen erfüllen. Aber trotzdem gehen alle Bemühungen in diese Richtungen. Martin Luther King gelingt dabei etwas, was die meisten in das Gebiet der Dichtung schieben und was uns allen doch sehr nützlich sein könnte: Er denkt in Bildern. Wie kann man das lernen? Hier einige Tips für den praktischen Gebrauch in Alltag und Zukunft.

Vorsehen und vorhersehen

In der fernöstlichen Philosophie hat Vision einen ganz entscheidenden Stellenwert: Man meditiert auf ein Ziel hin. Man spielt vor seinem geistigen Auge den ganzen Weg durch, man läßt einen Film ablaufen, in dem die Hindernisse eingebaut sind. Dann weiß man auch schon besser, wie man sie überwinden kann.
Versuchen Sie einmal, sich einen solchen Weg in kleinen Schritten vorzustellen – denken Sie zunächst einmal über Ihren Tagesablauf nach. Dann sollten Sie sich überlegen, was Sie für Ihr Leben und Ihre Familie einmal erreichen wollen und wie Sie dorthin kommen können. Und schließlich sollten Sie auch darüber nachdenken, welches Ihr berufliches Ziel ist und wie Sie dorthin gelangen können. Wenn Sie anschließend wieder auf dem Boden der Tatsachen landen, wissen Sie mehr. Sie haben ein klares Bild vor Augen. Sie wissen, was Sie erreichen wollen, welche Schwierigkeiten dabei auf Sie zukommen und wie Sie sie lösen können.

Die Polarität zwischen Vision und Wirklichkeit erzeugt eine gewaltige kreative Spannung. Das, was man unmittelbar vor sich hat und was man in ferner Zukunft erreichen kann, gibt Anlaß zu gewaltigen Spekulationen. Und warum auch nicht? Die Vision ist die Brücke zwischen dem "Wie-es-ist" und dem "Was-ich-will", und wer sie schlägt, erfährt eine ganz neue Dynamik. Dabei gibt es einen ganz tollen Trick, den wir uns bei den fernöstlichen Kollegen abgucken wollen.

Du sollst dir ein Bild machen!

"Warum in die Ferne schweifen, liegt das Gute doch so nah!" Was das Sprichwort empfiehlt, ist ein latenter Befehl: Der Blick in die Ferne ist unzüchtig. In unserer Kultur darf man sich weder ein Bild von einem Gott noch von der Zukunft machen, denn schließlich soll man das Schicksal nicht herausfordern. Die bildliche Vision ist daher für den braven Christen, der Auguren und Wahrsager an den Pranger stellt, ausgeschlossen. Deshalb denken wir meistens in Wörtern oder Sätzen, selten in Bildern. Die einzig legitime Art des "Bildermachens" ist der Traum, aber auch nur nachts. Tagträumer sind Spinner, Idioten, unnütze Tagelöhner. Es ist jedoch erstaunlich, wie oft sich aus so manchem geträumten Bild ein neues Produkt, ein neues Unternehmen, ein neuer Industriezweig bildet! Wann immer man sich "ein klares Bild" von einer Sache macht, kann man konsequent weiterdenken und handeln. Wann immer man sich einen Erfolg vorstellt, hat man das Geschehen besser im Auge. Und wann immer sich eine Vision auftut, entsteht ein ganzer Reigen neuer Energien, neuer Möglichkeiten und Perspektiven für alle!

Das nötige Rüstzeug zur Vision ist leicht zu beschaffen: zum Beispiel über die Memotechnik. Es gilt, abstrakte Termini mit Bildern zu ergänzen. Sie kennen die Situation. Vor Ihnen liegt ein Dokument, das äußerst kompliziert und schwer zu lesen und daher auch schwer zu vermitteln ist. Händeringend versuchen Sie nun, sich den Sachverhalt einigermaßen klarzumachen. Überlegen Sie sich ein passendes Bild zu der Angelegenheit, und schon können Sie das Ganze auch anderen besser klarmachen. Jeder Konferenzteilnehmer wird sofort verstehen, was Sie meinen. Statt über Daten und Fakten zu brüten, können Sie die Angelegenheit gleich in einem ganz anderen Rahmen betrachten – in einem Bilderrahmen!
Oder etwas bildlicher ausgedrückt: Entweder kriechen Sie wie ein Wurm auf der Erde herum und sehen vor sich nur schwere Hindernisse und kein Ziel, oder Sie sind der Adler, der das ganze Geschehen von weit oben überblickt. Diese Leistung erfordert natürlich ein gewisses Training. Aber Sie haben bestimmt mehr davon, wenn Sie Gedanken bildlich umsetzen können, als wenn Sie sich durch freiwillige Horizontbeschränkung selbst Knüppel in den Weg legen und gar nicht mehr wissen, wo Sie hinlaufen. Und nicht nur das: Mit einer richtigen Vision stecken Sie auch andere an!

Die Kunst des Ausmalens

Wer tief im Sumpf der Betriebsstrategien steckt, kann keine Vision entwickeln. Im Gegenteil. Er fürchtet sich sogar davor, bestimmte Zustände allgemein zu definieren. Dies ist der zweite Schritt zu einer anständigen Vision, das einzelne auf das Allgemeine zu übertragen. Die meisten Manager ziehen diesen Aspekt gar nicht mehr in Betracht, weil sie viel zu sehr in ihre eigenen kleinen Schwierigkeiten verstrickt sind. In jedem Unternehmen kann man jedoch die gleichen Visionen entwickeln wie "draußen". Wer nur vor seiner eigenen Tür kehrt, weiß nicht mehr, was sich bei seinem Nachbarn abspielt. Die Horizonte öffnen, heißt nach dem Höchsten streben, ohne Kompromisse zu verfolgen, was man sich einmal als Bild gesetzt hat. Es ist dabei vollkommen unerheblich, ob die Vision realistisch ist oder nicht. Lassen Sie das andere beurteilen. Die großen Visionäre in der Politik, Industrie oder anderswo waren erst einmal immer die großen Spinner. Nur indem man das Unerreichbare anstrebt, erlangt man das Erreichbare. Vision ist etwas Unzüchtiges, das man nicht von heute auf morgen aus der Welt schaffen kann. Wer sich jedoch geistig "erleuchten" kann, hat schon mehr geschafft als jeder, der am Feierabend mit sich und der Welt zufrieden ist.

Der Visionär ist niemals zufrieden, er ist ungezogen, ungeduldig und ungehorsam – und nicht selten ein Perfektionist. Ein ewiger Indianer, der immer neue Jagdgründe sucht. Er entwickelt Energien und ungeahnte Kräfte, er ist mit ganzer Leidenschaft bei der Sache, er denkt nicht an heute oder morgen, sondern an übermorgen und was er danach tun will! Der Visionär ist ein hinreißender Mensch. Er wirkt in allem, was er denkt und tut, ansteckend, er kann Leute faszinieren und begeistern, sie von seinen Ideen überzeugen und seine geistigen Qualitäten auf andere übertragen. Ein ganz entscheidender Punkt, denn er sitzt auf einem hohen Berg, von dem er sehen kann, was sich unter ihm abspielt.

Auch der "Big Boss" auf besagtem Ölbild war einmal ein großer Visionär – selbst wenn in unserem bösen Beispiel seine Vision zugunsten stabiler Marktanteile nicht weiter verfolgt wurde. Aber seine Vison hatte einmal eine große Kraft. Der perfekte Visionär ist meistens auch der Gründer eines (sprichwörtlichen) Unternehmens. Er hat eine wahnwitzige Idee und will sie durchsetzen. Was er dabei braucht, sind begeisterungsfähige Mitarbeiter. Der aufgeklärte Visionär hilft deshalb anderen, auch an sein fiktives Ziel zu kommen. Er kann sie begeistern und setzt sie in das gleiche Boot, indem er ihnen "seinen" Traum ausmalt. Und gleichzeitig fragt er: "Was will jeder einzelne von uns erreichen?" Dadurch sind die Ziele fürs erste fixiert, es kann losgehen. Und im Laufe der Entwicklung sollte man – was kaum einer tut – den Katalog der Visionen immer wieder aufbessern. Nur wer vom Wege abkommt, bleibt nicht auf der Strecke.

Visionen ändern sich, wie Menschen sich ändern. Viele verstehen unter Vision eine vorgeschaltete Planung, nur das ist sie gerade nicht: Planung läuft immer nur auf Organisation, Umsatz und Erfolg hinaus. Vision dagegen macht eine "Planwirtschaft" überflüssig. Dieser Infekt setzt sich in die Herzen jedes einzelnen, sobald er merkt, daß auch er von der Vision profitieren kann.

Das Kreative Haus liegt nicht umsonst fern vom Schuß. Hier soll der müde, visionslose Manager erst einmal wieder zu sich selbst kommen. Wenn er bei einem kreativen Tee (einem Kräutergemisch aus Johanniskraut, Verbene, Minze und Malve) langsam alle Probleme und Alltagssorgen hinter sich läßt, drücken wir ihm einen Bogen Papier in die Hand oder veranstalten ein Spiel, bei dem es um Visonen geht. Die Fragen lauten zum Beispiel:

"Was war das beeindruckendste Erlebnis Ihres Lebens?"

"Was würden Sie in dieser Welt verändern wollen?"

"Welches sind Ihre persönlichen Ziele?"

"Welches sind Ihre geschäftlichen Ziele?"

Ist doch ganz einfach, oder? Wir leben in einer gefährlichen Zeit. In einer Zeit, wo Worte wie "Liebe" oder "Leidenschaft" zugunsten von Worten wie "Beziehung" und "Streß" abgestorben sind, hat man es mit solchen Fragen nicht so leicht. Mangel an Gefühlen, Erlebnissen und Visionen ist nicht so einfach zu reparieren wie ein Leck in der Naßzelle. Und trotzdem kommen wir regelmäßig auf erstaunliche Ergebnisse. Das heißt nicht wir, sondern unsere Gäste. Wenn sie dann mal austreten und ganz verlegen in der Küche fragen, ob wir das ernst meinen, läuft uns zwar ein kleiner Schauer über den Rücken, aber meistens bekommt am Ende jeder etwas aufs Papier. Denn wenn alle sich bloßstellen müssen, kann der einzelne nur gewinnen! Und noch eine Erfahrung macht uns stutzig: Wie leicht doch unsere zusammengewürfelten Teams trotz aller Startschwierigkeiten gemeinsam einem Ziel entgegenstreben können. Ein Teilnehmer machte uns eines der schönsten Komplimente, die wir je erhalten haben:"Ich würde am liebsten all diese Leute mitnehmen und mit ihnen ein eigenes Unternehmen gründen, unser Zusammenspiel läuft nach drei Tagen einfach phantastisch!"

Die visionäre Familie

Konkurrenten zu überwinden ist eine relativ triviale Vision. Wenn eine Vision kommuniziert und geteilt wird, ist es für ein Unternehmen ein leichtes, an den anderen vorbeizurennen. Nur,dann interessiert es die Mannschaft gar nicht mehr. Man will viel lieber seinen eigenen "Bildern" nachstreben als andere austricksen. Aus diesem Grund sind visionäre Unternehmen geradezu edle Genossen, während jene, die sich der Attitüde "denen zeigen wir's" verschrieben haben, im Grunde doch kleine Fische sind.

Nicht zu unterschätzen ist dabei die Frage "Was will jeder einzelne von uns?" Anstatt ständig einen Gockeltanz aufzuführen, sollten Sie im Management dasselbe praktizieren, was wir im Kreativen Haus tun: Visionen austauschen. Nur so entstehen demokratische Verhältnisse. Und nicht selten wird dadurch so manches ausgelöst. Plötzlich redet man über persönliche Ideale, Hoffnungen und Träume und nicht über geschäftliche Ziele oder organisatorische Dinge. Man befindet sich in einem emotionalen Zustand und stellt nach Jahren des kollegialen Miteinandergehens auf einmal fest, daß der Herr mit der schrecklichen Hornbrille und den schlechtsitzenden Anzügen auch ein Mensch ist, in dem versteckte Visionen schlummern. Die gemeinschaftliche Entwicklung eines eigenen Traumes produziert gewaltige Energien – und so spart man sich eine Menge Arbeit, zum Beispiel künstliche Motivationsmaßnahmen. Wenn man sich das Unternehmen wie eine aufblühende Blume vorstellt, wie eine Familie, die gemeinsam wächst und zusammenhält, kann man der Zukunft getrost ins Auge sehen: Denn sie gehört uns. Nicht der Weg dorthin ist wichtig, sondern allein die Utopie. Sie ist nicht sofort erkennbar, hat oft überhaupt nichts mit dem Tagesgeschäft zu tun und ist doch immer da. Wer allgemeine Tugenden verbreitet und nach ihnen handelt, liegt immer auf dem richtigen Weg. Wenn man Visionen hat, kommt der Rest fast von allein. Alles kann besser sein. Vision bringt Sensibilisierung und Optimismus hervor. Die gemeinsame Vision zerstört neurotische Bedürfnisse zugunsten von allgemeinen Bedürfnissen. Man muß sie jedoch ständig unter Beweis stellen. Wie macht man das?

Visionen leben!

Zeichen setzen durch Kommunikation, Erlebnisse produzieren und die Feste feiern, wie sie fallen. Überall kann man seine Visionen unter Beweis stellen, bei Betriebsreden beispielsweise. Meist werden jedoch zufriedenstellende Bilanzen gezogen und nebulöse Visionen entworfen, die sich im nachhinein oft als Trapezakt ohne doppelten Boden erweisen. Wehe dem, der fällt. Zu schnell werden große Versprechungen geleistet, deren trauriges Resultat in der nächsten Rede zu aller Pein verschleiert wird. Es ist viel wichtiger, mit alldem, was man vorhat, Glaubwürdigkeit zu schaffen. Sonst wird ein Unternehmen schnell zum Unterfangen.

Das beste Zeichen für ein visionäres Unternehmen ist, wenn man sich diesen hohen gesellschaftlichen Akt sparen kann und statt dessen eine Flasche Champagner für alle entkorkt. Ein Fest ist eine gelebte Vision, im Fest bewegt sich ein Unternehmen in einem Zustand, der über die Normalität hinausgeht und der jeden einzelnen am gemeinschaftlichen Gefühl teilnehmen läßt. Visionen leben in Akten und Zeichen, sind Signale des "Wir-wollen"-Gefühls, durch das alle miteinander verbunden sind.

Es gibt unzählige Unternehmen, die voller Stolz auf das zurückblicken, was sie bis zum heutigen Tage aufgrund einer einzigen Vision geschafft haben. Es gibt jedoch erstaunlich wenige Unternehmen, die formulieren können, was sie in Zukunft erreichen wollen – von Schlagworten wie "Konsolidierung", "Umsatzsteigerung" und "Betriebserweiterung" abgesehen. Das kann natürlich einen Grund haben: Sobald eine Vision ausgesprochen ist, kann sie jeder klauen.

Einer, der es wagte, seine Visionen offen darzulegen, war der Science-fiction-Schriftsteller Jules Verne. Im Jahre 1865 schrieb er den Roman *Von der Erde zum Mond*. Zum ersten Mal wurde eine Vision dargestellt, in der Peterchens Mondfahrt menschenmöglich ist. Als der zwölfjährige Hermann Oberth zu Beginn dieses Jahrhunderts das Buch in die Hände bekommt, beschließt er, diesen Traum weiter auszuspinnen. Das Ergebnis war ein Buch mit dem Titel *Die Rakete zu den Planetenräumen*, das er dreißigjährig schrieb. Das wiederum wird von dem Tertianer Wernher von Braun verschlungen. Vierzig Jahre später betritt Neil Armstrong den Mond. Eine Leistung, die für die meisten Menschen utopisch erschien, ist Wirklichkeit geworden. Vielleicht werden wir den Tag noch erleben, an dem jeder mal einen Abstecher ins All macht!

Bei uns steht die Vision an oberster Stelle. Wir wollen Ihnen kraft der Elemente Phantasie, Kunst, Farbe, Intuition und dergleichen den Mut geben, eine neue, große Vision zu schaffen. Nur kreative Menschen können Visionen entwickeln und weitergeben. Und wir hoffen, daß wir Ihnen diese Feststellung ein wenig greifbar machen konnten. Wir wünschen Ihnen eine sagenhafte Vision für Ihren privaten und beruflichen Erfolg!

Weiterführende Literatur

Churchill, Caryl: Serious Money. New York 1987.

Mamet, David: Hanglage, Meerblick. Frankfurt am Main 1987.

Sculley, John: Meine Karriere bei PepsiCo und Apple. Düsseldorf, Wien, New York ²1988.

Zürn, Peter: Japan zwischen Yen und Zen. Vom Geist und Stil der Söhne der Samurai. Landsberg 1987.

Heinz Commer, der durch seine Erfolgstitel "Managerknigge" und "Knigge International" schon den Stil der achtziger Jahre entscheidend mitprägte, widmet sich hier dem Thema Stil.

In einer Epoche größter Veränderungen ist unser Lebensstil, der Rahmen und Inhalt unseres gesamten Daseins bestimmt, häufigem Wandel unterworfen. Deshalb ist es besonders bedauerlich, daß über diesen Begriff eine heillose Sprach- und Begriffsverwirrung besteht. Um so erfreulicher ist es also, wenn *Heinz Commer* ebenso gründlich wie praxisnah der gesamten Problematik nachgeht und grundlegende Werte zu vermitteln versucht, die in ihren Auswirkungen Konflikte vermeiden und abbauen und unser Leben angenehmer – und stilvoller – machen können.

Commer schreibt über Grundsätzliches (Stil – unser Lebensrahmen und -inhalt, Standortbestimmung, Politischer Stil) und Praktisches (Stil im Berufsleben, Praktische Orientierungen: eine Checkliste, ausländische Lebensstile). Von grundsätzlichen Problemen des generellen Miteinanders zwischen den Geschlechtern, den Generationen und sozialen Partnern bis hin zu im Alltag manchmal kniffligen Detailfragen wie beispielsweise Anreden, Tischordnung und Gastgeschenken spannt sich der breite Bogen dieser immer anregenden, oft nachdenklich stimmenden, meist aber auch amüsanten Lektüre für alle, die sich durch Stil auszeichnen wollen.

Heinz Commer
Stil
Selbstdarstellung, Ambiente und Lifestyle:
Eine Orientierung für den Wertewandel
240 Seiten,
gebunden, mit Schutzumschlag

ECON Verlag
Postfach 30 03 21
4000 Düsseldorf 30

Heinz Goldmann
Wie Sie Menschen überzeugen
Kommunikation für Führungskräfte
240 Seiten,
gebunden, mit Schutzumschlag

Verhandlungs- und Redeaufgaben für Manager haben sich in den letzten Jahren vervielfacht. Führungskräfte stehen vor einer kritischen Umwelt, werden beurteilt, gemessen und bewertet. Nicht nur im eigenen Unternehmen, in bezug auf die Motivation von Mitarbeitern beispielsweise, sondern auch nach außen. Bei Vorträgen, Diskussionsrunden oder im Fernsehen.

"Management is communication" – nach dieser Prämisse schult *Heinz Goldmann* seit Jahren Manager aus aller Welt. In fünf Sprachen und zwanzig Ländern hat der bekannte Kommunikationsexperte bereits über 3000 Unternehmer mit seiner Methode trainiert. Die Crème de la crème der Wirtschaft gibt sich bei *Goldmann* die Klinke in die Hand.

In seiner Neuerscheinung verrät *Heinz Goldmann* zum erstenmal einem breiteren Publikum seine Gesetze effektiven Kommunizierens: wie ein Manager Redeaufgaben sicher löst, wie ein Unternehmer auch harte Debatten besteht, wie Chefs die Belange und Umweltbeziehungen ihres Unternehmens stärken, wie man vor Presse, Rundfunk und Fernsehen eine gute Figur macht.

Heinz Goldmanns Ratschläge sind als Trainingsbuch angelegt:
übersichtlich im Aufbau, mit lebendigen Beispielen und einer praxisnahen Umsetzung. Es ist ein Standardwerk für jeden, der Menschen führen und überzeugen will.